# MISERICÓRDIA
O RESGATE DA VIDA

Editora Appris Ltda.
1.ª Edição - Copyright© 2025 dos autores
Direitos de Edição Reservados à Editora Appris Ltda.

Nenhuma parte desta obra poderá ser utilizada indevidamente, sem estar de acordo com a Lei nº 9.610/98. Se incorreções forem encontradas, serão de exclusiva responsabilidade de seus organizadores. Foi realizado o Depósito Legal na Fundação Biblioteca Nacional, de acordo com as Leis nºs 10.994, de 14/12/2004, e 12.192, de 14/01/2010.

Catalogação na Fonte
Elaborado por: Dayanne Leal Souza
Bibliotecária CRB 9/2162

| | |
|---|---|
| B478m<br>2025 | Benvenutti, Paulo Roberto<br>    Misericórdia: o resgate da vida / Paulo Roberto Benvenutti. – 1. ed. – Curitiba: Appris, 2025.<br>    180 p. ; 23 cm.<br><br>    ISBN 978-65-250-7495-5<br><br>    1. Catolicismo. 2. Depressão. 3. Aspectos religiosos. 4. Cristianismo. 5. Relacionamento familiar. 6. Vida cristã. I. Benvenutti, Paulo Roberto. II. Título.<br><br>                                                CDD – 230 |

Appris editorial

Editora e Livraria Appris Ltda.
Av. Manoel Ribas, 2265 – Mercês
Curitiba/PR – CEP: 80810-002
Tel. (41) 3156 - 4731
www.editoraappris.com.br

Printed in Brazil
Impresso no Brasil

Paulo Roberto Benvenutti

# MISERICÓRDIA
## O RESGATE DA VIDA

Curitiba, PR
2025

**FICHA TÉCNICA**

| | |
|---:|---|
| EDITORIAL | Augusto V. de A. Coelho |
| | Sara C. de Andrade Coelho |
| COMITÊ EDITORIAL | Marli Caetano |
| | Andréa Barbosa Gouveia (UFPR) |
| | Edmeire C. Pereira (UFPR) |
| | Iraneide da Silva (UFC) |
| | Jacques de Lima Ferreira (UP) |
| SUPERVISORA EDITORIAL | Renata C. Lopes |
| PRODUÇÃO EDITORIAL | Bruna Santos |
| REVISÃO | Pedro Ramos |
| DIAGRAMAÇÃO | Andrezza Libel |
| CAPA | Mariana Brito |
| REVISÃO DE PROVA | Ana Castro |

*Dedico este livro a você, leitor, como um conselheiro amoroso, e a todos aqueles que buscam uma palavra amiga.*

*Ofereço a você, como um sorriso afetuoso e gentil, para lembrar-se de que, diante de uma dificuldade, a Santa Igreja de Jesus está sempre ao seu lado.*

*Ofereço à Igreja de Jesus, una, santa, católica e apostólica, como um auxílio, uma pequena pérola, para auxiliar no conforto aos irmãos acometidos pela depressão e pela opressão deste mundo.*

# AGRADECIMENTOS

Em homenagem póstuma aos meus pais, Demétrio e Beatriz, por terem me transmitido a vida e a fé católica, e aos netinhos Bruno e Bianca, que olham por nós, lá do céu.

Agradeço à minha amada esposa, Maria Helena, companheira inseparável, que me apoiou tanto nos momentos bons quanto nos mais difíceis, com amor incondicional.

Agradeço aos meus filhos, Rafael, Gisele, Felipe, Cristiane, Caroline e Fábio; e aos netos, Lucas, Luísa e Pedro Paulo, por serem a continuidade do amor vivido em nossa linda família.

Agradeço à comunidade da Paróquia São Pedro e São Paulo, localizada no bairro Tingui, em Curitiba/PR, pela acolhida gentil e amorosa. Formamos uma bela e grande família.

Agradeço ao meu Santo Anjo da Guarda, enviado por Deus no meu batismo, para me guardar e me guiar diante das dificuldades deste mundo, e um dia, no céu, contemplaremos juntos a face de Deus.

Agradeço especialmente aos padres confessores: Padre Alceu Zembruski SChr, Padre Antonio Polanczyk SChr, Padre Miroslaw Michalczewski SChr e Padre Kazimierz Dlugosz SChr, por terem me reconciliado com Jesus por meio do Sacramento da Confissão.

Agradeço à sempre Virgem Imaculada Conceição, mãe querida de Nosso Senhor Jesus e nossa, por ter me acompanhado e segurado minha mão nos momentos mais difíceis, quando sussurrou em meu ouvido: "Não desista, você vai melhorar, eu estou aqui. Jesus te ama!".

Por fim, agradeço a Deus por renovar em mim, todas as manhãs, o dom da vida.

# PREFÁCIO

O ponto de partida em que o escritor baseia seu livro é a luta espiritual que está ocorrendo no mundo atual. A vida humana é uma jornada repleta de desafios, marcada por momentos de alegria e tristeza, conquistas e dificuldades. Todos os seres humanos, em algum momento, enfrentam batalhas espirituais e situações que desafiam sua fé e capacidade de seguir em frente. *Misericórdia: o resgate da vida* surge como uma bússola para aqueles que procuram respostas, consolo e orientação em meio às dificuldades da vida.

Cada pessoa que é atacada pelas forças do mal pode contar com o poder vitorioso de Deus. A vulnerabilidade às ameaças espirituais no mundo de hoje é uma questão em que a psicologia e a teologia se relacionam, complementam-se. Portanto, para fundamentar sua posição, o autor se apoia na Sagrada Escritura, no ensinamento da Igreja, na ciência, e em suas ricas experiências.

Nas páginas deste livro, encontramos temas fundamentais para a nossa vida, como a eterna batalha entre o bem e o mal, que nos coloca constantemente diante de escolhas morais. Exploramos os conflitos familiares, que são muitas vezes os cenários mais desafiadores e íntimos das nossas lutas diárias. Outro tema relevante é o assédio moral, uma violência psicológica que afeta profundamente o indivíduo, seguida pelo medo e pela depressão, sentimentos que impedem a plena realização.

O autor também aborda temas como o estresse, uma realidade que consome a mente e o corpo, levando muitos a acreditarem que estão no fundo do poço, ou, como é descrito aqui, "no buraco", sem saída. No entanto, este livro não é apenas sobre dificuldades. Ele também nos ensina como lidar com problemas sob a ótica da fé, que não só nos sustenta em momentos difíceis, mas também nos revela os sinais da presença de Deus em nossas vidas.

O livro não pretende responder a todas as questões do homem moderno, mas é uma obra que oferece uma valiosa contribuição para a compreensão dos fenômenos que ocorrem na realidade que nos cerca. É um convite à reflexão e ao reencontro com a essência mais profunda.

Este livro é recomendável para todos os que se dedicam a compreender as mudanças que estão ocorrendo e desejam sair vitoriosos da batalha que São João Paulo II descreveu como uma disputa entre a civilização da vida e a civilização da morte.

Que a leitura deste livro nos torne gratos pela presença misericordiosa de Deus em nossas vidas.

Boa leitura.

**Kazimierz Dlugosz SChr**

*Pe. Kazimierz Długosz SChr nasceu na Polônia no dia 22 de março de 1962. Ingressou na Sociedade de Cristo em 1982 e foi ordenado sacerdote no dia 16 de maio de 1989. Desde março de 1992, reside no Brasil, onde tem desempenhado diversas funções pastorais.*

*Pe. Długosz trabalhou na pastoral marítima e serviu como pároco em várias paróquias no Rio Grande do Sul e no Paraná. Entre 1995 e 2010, apresentou programas de rádio intitulados "Hora Polonesa" em Erechim/RS, Getúlio Vargas/RS, União da Vitória/PR e Mallet/PR. Ele também organizou cursos de história e cultura polonesa para descendentes de poloneses no Brasil, realizados em Kielce, na Polônia.*

*Entre 2010 e 2022, Pe. Długosz atuou como superior provincial da Sociedade de Cristo. Atualmente, ele é pároco da Paróquia São Pedro e São Paulo, em Curitiba/PR.*

*Em reconhecimento ao seu trabalho com a comunidade polonesa no Brasil, em maio de 2024, ele foi condecorado pelo Presidente da Polônia com a "Cruz de Cavaleiro da Ordem do Mérito".*

# Sumário

**~ INTRODUÇÃO ~** ................................................................. 15

**~ PRÓLOGO ~** .................................................................... 17

*~ Capítulo 1 ~*
**A batalha entre o bem e o mal – origem da depressão** ................. 19

*~ Capítulo 2 ~*
**Conflitos familiares** ........................................................... 27
   *Conflitos* ......................................................................... 30

*~ Capítulo 3 ~*
**Assédio moral** .................................................................. 35
   *Agressor ou agressora* ...................................................... 35
   *Como acontece o processo de assédio* ................................ 38
   *Escolhido* ....................................................................... 39
   *Os ataques começam* ....................................................... 40
   *Consequências e danos* .................................................... 42
   *Decisões* ........................................................................ 43
   *Denunciar* ...................................................................... 44
   *Reconstrução* ................................................................. 44

*~ Capítulo 4 ~*
**O medo e a depressão** ........................................................ 47

*~ Capítulo 5 ~*
**Estresse pós-traumático** ..................................................... 55

*~ Capítulo 6 ~*
**Sair do buraco** .................................................................. 61
   *Mas, afinal, como nasce um transtorno?* ............................. 62
   *Vamos continuar nessa fossa, ou vamos buscar ar puro?* ....... 63

## ~ Capítulo 7 ~
**Os ciclos da vida** ...... 67

## ~ Capítulo 8 ~
**O caminho** ...... 75

## ~ Capítulo 9 ~
**O perdão** ...... 79
    Descompressão ...... 80

## ~ Capítulo 10 ~
**O mecanismo da fé** ...... 83

## ~ Capítulo 11 ~
**Os sinais de Deus em nossas vidas** ...... 87

## ~ Capítulo 12 ~
**A misericórdia** ...... 95
    Terço da Divina Misericórdia ...... 102
    Hora da Misericórdia ...... 102
    A divulgação do culto da Misericórdia ...... 102
    Faz parte do calendário da Igreja por ação de São João Paulo II ...... 103

## ~ Anexo I ~
**Orações & Devoções** ...... 109
    Índice das Preces ...... 109
    Oração do Sinal da Cruz ...... 111
    Credo: Símbolo Niceno-Constantinopolitano ...... 111
    Pai Nosso ...... 111
    Ave Maria ...... 112
    Glória ao Pai ...... 112
    Hino de Louvor (Glória) ...... 112
    Sanctus ...... 113
    Invocação ao Espírito Santo ...... 113
    Oração ao Santo Anjo da Guarda ...... 114
    Alma de Cristo ...... 114
    Oração a Nossa Senhora do Sorriso Para Quem Sofre de Depressão ...... 114

*Magnificat (Lc 1,46-55)*......115
*Benedictus (Lc 1,68-79)*......116
*Salve Rainha*......117
*Augusta Rainha dos Céus*......118
*Oração Augusta Rainha dos Céus*......118
*Oração a Nossa Senhora da Imaculada Conceição*......119
*Oração de Nossa Senhora Aparecida*......119
*Saudação Angélica*......120
*Maria Concebida Sem Pecado*......120
*Oração em Honra da Santíssima Trindade*......120
*Oração ao Divino Espírito Santo*......121
*Oração a São Miguel Arcanjo*......121
*Oração de São Bento*......122
*Oração de São Francisco*......122
*Oração Vocacional*......122
*Nossa Senhora, Meu Consolo*......123
*Comunhão Espiritual*......123
*Consagração ao Imaculado Coração de Maria*......123
*Oração do Abandono*......124
*Oração de Cura*......124
*Oração Pelo Brasil*......125
*Couraça de São Patrício*......126
*Santo Rosário Mariano*......129
*Mistérios Gozosos*......129
*Mistérios Luminosos*......130
*Mistérios Dolorosos*......130
*Mistérios Gloriosos*......130
*Terço das Lágrimas de Sangue da Virgem Maria*......131
*Terço a São José*......133
*Ladainha de Nossa Senhora*......134
*Ladainha do Espírito Santo*......136
*Jesus Manso e Humilde*......139

## ~ Anexo II ~
## Devoção ao Sagrado Coração de Jesus & o Imaculado Coração de Maria......141
*Devoção ao Sagrado Coração de Jesus\**......141
*Ladainha do Sagrado Coração de Jesus*......144

Devoção ao Imaculado Coração de Maria .................................. 146
Ato de Desagravo e Consagração a Nossa Senhora ........................ 153

## ~ Anexo III ~
**Preparação Para Uma Boa Confissão** ..................... 155

## ~ Anexo IV ~
**Via Sacra** ................................................................ 165
  *Via Sacra do Pai das Misericórdias* ............................. 167
  *Primeira Estação* ................................................... 167
  *Segunda Estação* ................................................... 168
  *Terceira Estação* ................................................... 168
  *Quarta Estação* .................................................... 169
  *Quinta Estação* .................................................... 170
  *Sexta Estação* ..................................................... 171
  *Sétima Estação* .................................................... 172
  *Oitava Estação* .................................................... 173
  *Nona Estação* ...................................................... 173
  *Décima Estação* .................................................... 174
  *Décima Primeira Estação* ........................................ 175
  *Décima Segunda Estação* ........................................ 176
  *Décima Terceira Estação* ........................................ 177
  *Décima Quarta Estação* .......................................... 178
  *Oração Final* ....................................................... 179

# ~ INTRODUÇÃO ~

Para iniciarmos, propomos uma viagem a lugares conhecidos, que evitamos explorar, pois nos trazem lembranças desagradáveis, porque ativam nossas defesas, nos fazem ficar arrepiados em uma reação primordial e reacendem dores, fazendo com que cheguemos até a ressenti-las. Esses lugares levantam ressentimentos — contra os outros e contra nós mesmos —, e o que é pior: nos fazem sentir incompetentes para reagir diante deles.

Estamos falando de nossos medos. Vamos explorar nossos pensamentos, nossas atitudes, nossas negações, nossas frustrações e nossas reclusões. Essas são coisas que podem nos levar à depressão, e vamos entender como nos enxergamos dentro dessa situação. Os cuidados que devemos tomar para que não se tornem uma psicose incurável.

Também veremos juntos alguns mecanismos que podem nos ajudar diante de nossos medos, valores de vida que fortalecem e constroem o caráter. Quais são as etapas na decadência do pensamento e de valores que nos foram claros um dia e que, diante da depressão, perderam-se no tempo e no espaço? Quando e por que devemos buscar ajuda?

Convido você a desmistificar o ser e o ter, não só como uma frase filosófica, mas como existencialismo, e vamos focar em nosso posicionamento diante do Criador, de onde viemos e porque estamos aqui.

Tudo isso está ligado não simplesmente como elos de uma corrente, mas como uma vitamina de frutas batidas em um liquidificador, que depois de pronta os ingredientes não se separam mais, um se torna parte do outro, as consistências e os sabores se misturam.

Teremos nessa viagem momentos tristes e alegres, vamos repassar por trilhas pelas quais passamos e nos machucamos, talvez abramos feridas fechadas. Pergunto a você: "Essas feridas estão fechadas só porque você não deixa tocar nelas?" e "Quando tocadas elas se abrem e sangram?".

Victor E. Frankl, professor de Neurologia, Psiquiatria e Logoterapia da Universidade de Viena e da Universidade Internacional da Califórnia, fundador da Logoterapia, deixou-nos um legado extraordinário. Entre seus ensinamentos encontramos "A tese do Otimismo Trágico", como é possível "dizer sim à vida" apesar de todos os aspectos trágicos da existência humana. Espera-se que um certo "otimismo" em relação ao nosso futuro possa fluir das lições retiradas do nosso passado "trágico".

Ao longo de nossa vida, enfrentamos muitos desafios, e seguimos por caminhos desconhecidos, e como tudo que é novo, somos incentivados a experimentar. Porém, se nos aventuramos sem uma programação prévia, sem resguardar nossos valores, é como entrar numa sala escura e cheia de armadilhas. Nossas reações podem evitar algumas delas, mas outras farão estragos que machucam, e se continuarmos por muito tempo nessa sala escura, sem nenhuma lanterna ou algo que nos ajude a reconhecer o que é bom e o que é ruim, rejeitaremos a tudo por medo, e com certeza pereceremos.

Da mesma forma, se vamos atravessar um deserto sem nenhum suprimento, como água e comida, cobertor para resistir às noites frias, pois no deserto o dia é escaldante e a noite é extremamente fria, fósforos para acender uma fogueira, uma faca para o preparo de alimentos e para defesa, enfim, são tantas coisas que precisamos ter à nossa disposição para conseguirmos superar os obstáculos que encontraremos ao longo de uma viagem dessas.

Existem pessoas que começam uma jornada assim sem utensílios ou arma alguma para defesa, são viciadas em adrenalina, amam o perigo, mas não são tolas. Conhecem o terreno e o trajeto, e mesmo conhecendo os desafios, os pontos de abrigo contra os animais selvagens, fontes de água (oásis), fazem uma programação detalhada de viagem com tempos e movimentos para encontrar os pontos de descanso e assim retomar a jornada, com as forças renovadas para a nova etapa.

Antes de qualquer jornada, você precisa avaliar suas aptidões e suas deficiências, preparar-se bem, e quando estiver pronto, siga sem medo. O problema é quando você se acha pronto, mas não verificou todos os pontos positivos e negativos. Durante a viagem, a natureza vai colocá-lo no seu devido lugar, e se estiver sozinho no deserto, sem água, sem direção, com certeza perecerá pelo calor do dia, ou pelo frio da noite, ou servirá de alimento para animais selvagens.

Vamos embarcar em casos reais? Talvez você se identifique, talvez você reconheça que algum amigo ou parente esteja precisando de você, ou você dele.

# ~ PRÓLOGO ~

A sabedoria humana sempre busca reparação e compensação diante de qualquer conflito, enquanto a Sabedoria Divina busca reparar o coração ferido.

Da Profecia de Oséias:

> Assim fala o Senhor: 'Quando Israel era menino, eu o amei e do Egito chamei meu filho. Mas quanto mais os chamavam, tanto mais eles se afastavam de mim. Eles sacrificavam aos *baais* e queimavam incenso aos ídolos. Fui eu, contudo, quem ensinou Efraim a caminhar, eu os tomei pelos braços, mas não reconheceram que eu cuidava deles! Com vínculos humanos eu os atraía, com laços de amor eu era para eles como os que levantam uma criancinha contra o seu rosto, eu me inclinava para ele e o alimentava. Meu coração se contorce dentro de mim, minhas entranhas comovem-se. Não executarei o ardor de minha ira, não tornarei a destruir Efraim, porque eu sou Deus e não um homem, eu sou santo no meio de ti, não retornarei com furor' (*Os* 11,1-4).

Depois de todas as provações às quais o Senhor Jesus foi submetido, zombarias, ultrajes, escárnio e traições, e finalmente a crucificação, não pediu justiça humana, mas divina: "Pai, perdoa-lhes: não sabem o que fazem" (*Lc* 23,34). Esse é o verdadeiro amor que nós cristãos temos que deixar brotar em nossos corações.

O amor consiste na compaixão diante do erro do próximo, mesmo que ele não enxergue seu erro ou admita estar errado, o Senhor, porém, vê o nosso coração. Se endurecemos nosso olhar e sugerimos ao nosso coração uma reparação, o amor se desfaz.

O olhar misericordioso não é algo que se tem, mas que se conquista, com treinamento constante. Quando pedimos a Deus que nos dê o dom da paciência, não recebemos calma para pensar e agir, mas provocações para treinarmos a nossa resistência, e assim ampliarmos a nossa calma.

Nada provém do coração se houver uma cobrança, assim como acontece com o salário de um trabalhador, que trabalha e é recompensado ao final do mês. O amor vem da compaixão, e a compaixão é praticada através da misericórdia.

Só encontraremos a justiça se seguirmos os passos de Jesus, que são de obediência à vontade do Pai que está no céu, depois que aprendermos os valores do amor e da misericórdia.

Perguntaram a Jesus:

> 'Qual é o primeiro de todos os mandamentos?' E Jesus respondeu: 'O primeiro é: 'Ouve, ó Israel, o Senhor nosso Deus é o único Senhor, e amarás o Senhor teu Deus de todo teu coração, de toda tua alma, de todo teu entendimento, e com toda a tua força'. O segundo é este: 'Amarás o teu próximo como a ti mesmo. Não existe outro mandamento maior do que este'' (Mt 22,37-39).

A misericórdia de Deus é infinita. Ela alcança qualquer um e em qualquer tempo e lugar, basta invocá-la, arrependendo-se das transgressões a Deus e ao próximo, e para que isso seja possível Jesus nos deixou a Sua Santa Igreja e os Sacramentos, formas visíveis e tangíveis da Sua presença real entre nós, para nos perdoar, nos acompanhar e nos santificar. Felizes aqueles que o reconhecem e o aceitam.

Louvado seja Nosso Senhor Jesus Cristo! Para sempre seja louvado!

# ~ Capítulo 1 ~

## A batalha entre o bem e o mal – origem da depressão

Em primeiro lugar, é preciso se perguntar: o mal existe? E se o mal existe, como ele se apresenta? E por que o bem não contra-ataca o mal, já que há uma batalha?

No princípio era Deus, puro Bem e Amor. O Pai ama seu Filho e esse Amor tão belo que procedendo do Pai e do Filho se torna uma pessoa. Todas as coisas criadas saíram da tríade PAI-FILHO-ESPÍRITO SANTO, as três pessoas da Santíssima Trindade, sendo um só Deus.

Deus como puro Espírito, em sua divina Vontade, sentiu a necessidade de que esse amor fosse materializado, então criou todas as coisas visíveis e invisíveis por amor e para amar. Os Santos Anjos foram criados para servi-Lo e adorá-Lo, e para representá-Lo em todos os segmentos da criação, cada qual com personalidade, liberdade e individualidade, mas sempre em perfeita harmonia com a Vontade Divina.

*Fiat Lux*! Deus fez a luz para que tudo pudesse ser visto, criou a terra e tudo que nela vive. Assim como fez no céu, criou o homem à sua imagem e semelhança, e toda essa criação é voltada para o bem, cada qual com a sua personalidade e individualidade e com livre-arbítrio, pois esse é o principal requisito para o amor verdadeiro, também mantendo-se sempre em perfeita harmonia com a Vontade Divina.

Se Deus criou tudo perfeito para o amor, então por que encontramos o mal e a destruição? Quando se desvia da vontade de Deus, essa harmonia se desfaz. Contudo, o Criador, em sua infinita sabedoria e bondade, quis livremente criar um mundo em caminhada, como um processo de desenvolvimento contínuo que faz solidificar a caridade. A caridade não é assistencialismo, mas uma entrega para cultivar as virtudes morais que remetem nosso pensar e nosso existir às vontades do Pai. Quando conseguimos trabalhar em nossos corações tais virtudes, o nosso espírito se enche da Graça de Deus, assim conseguimos voltar o nosso olhar e passar a compreender a diferença da Ciência Divina com a ciência humana, a primeira está voltada ao ser, ao passo que a segunda volta-se ao ter.

Esse processo de caminhada nos faz refletir sobre a dimensão do tempo. Santo Agostinho afirma em *Confissões*:

> O passado não existe mais, o futuro ainda não chegou e o presente torna-se pretérito a cada instante. O tempo que podemos dominar é o tempo longo ou breve, somente para o futuro e o passado, e nesse tempo, encontramos vários níveis ou graus de evolução espiritual da memória humana no desejo de unir-se a Deus.[1]

Portanto, não devemos nos prender ao passado, pois nele construímos o nosso presente, e se nos movemos dentro de uma evolução querida por Deus, devemos entregar a Ele nosso o futuro.

Os Anjos são seres poderosos e conscientes que suas forças vêm do Criador, e suas ações resultam de uma prévia autorização do Pai que está no céu. A obediência é a maior virtude que se deve prestar ao Senhor da vida e do amor. Como o amor não é um sentimento, mas doação ao outro, ele liberta, constrói e não conhece o que é destruir.

Porém, alguns desses anjos quebraram a harmonia existencial e quiseram se igualar a Deus. Por serem poderosos, acreditaram que poderiam enfrentar o Bem, que é pacífico, e desejavam ser adorados por todo o resto da criação, e isso não seria possível pois um só é Deus, e tudo o mais deve ser colocado debaixo d'Ele. Buscaram, pela força, a sua independência, destruindo a harmonia vigente, e quando impera a desordem, facilita o domínio pelo medo e pela força, e isso destruiria tudo que fora criado, e aos olhos do Criador, tudo era bom e perfeito. Então a Milícia Celeste, liderada por São Miguel Arcanjo, foi enviada, e com seus aliados defenderam a honra de Deus, acorrentaram e expulsaram do céu todos os anjos rebeldes e os colocaram na terra.

Esses insurgentes, desde então, buscam se afastar mais do Criador para manter seu domínio em sentido oposto. No desamor, no ódio e no rancor por terem sido expulsos do Paraíso, permanecerão por toda a eternidade, porque já receberam o seu julgamento. Sabemos que duas forças contrárias não suportam ficarem próximas. A união acontece somente com forças semelhantes, o bem quer amar, e o mal quer destruir simplesmente porque não consegue olhar e se encontrar com algo que contenha bondade.

---

[1] SANTO AGOSTINHO. **Confissões**. São Paulo: Editora Schwarcz S.A., 2019. p. 319.

Assim, Satanás e seus seguidores personificam o mal, e trabalham incessantemente para minar e ofender o bem que existe no coração do homem, porque conseguiram quebrar a harmonia infundida por Deus sobre todas as coisas diante do homem. Usam da mentira para ludibriar e separar as coisas boas de Deus.

Portanto, o mal existe, são pessoas, espirituais ou não, rancorosas e mal resolvidas, poderosas e perigosas porque não têm escrúpulos quando desejam conquistar os seus objetivos, enquanto as pessoas de bem cultivam a mansidão no coração, e com esse modo de pensar e de agir, se tornam presas fáceis. Se o bem reagir com a mesma medida com que o mal lhe ataca, simplesmente deixa de fazer parte do bem, pois o mal não entra no coração das pessoas sem ser convidado ou autorizado pelo Pai que está no céu.

Temos a imagem do mal como uma coisa horrenda, assim o homem consegue visualizar e identificar o errado quando confrontado com o bem, dando sentido a sua existência voltada para o Criador. O amor se mostra com beleza e quanto mais próximo estamos dele, mais a luz transpassa por nossos gestos e principalmente em nosso olhar, que é a vitrine da alma. Quem carrega um olhar forte e hostil é porque há hostilidade em seu coração, enquanto em um olhar manso e afetuoso encontraremos uma pessoa amável e caridosa.

Se o mal se apresentar em sua forma real, espantaria qualquer pessoa. Como o anjo caído é uma pessoa poderosa, tem uma inteligência muito acima da do homem, que o induziu a quebrar a harmonia entre ele e Deus, cedendo às tentações do diabo, quando acreditou e levou em conta as suas mentiras de que poderia se igualar ao Criador, porém, Satanás tem liberdade vigiada e limitada imposta por Deus. Ele conhece a vontade e a grandeza de Deus, somente a rejeita e, vestindo-se com uma aparência sedutora aos olhos humanos, tenta conquistá-lo.

Para não cairmos em suas seduções, devemos nos manter próximos aos Sacramentos e nos fortalecermos na oração constante. Essas são as nossas armas de proteção contra os efeitos malignos do pecado.

O pecado entrou em nossas vidas por consentimento de nossos pais. Eva, ao ser tentada em comer do fruto proibido, foi desobediente, formando assim um pacto com o sedutor, o Diabo, que encontrou um caminho para entrar no coração humano. Já que não pode atacar Deus, ataca a sua criação. A dívida estabelecida nesse acordo entre o diabo e o homem é a morte, que se manifesta na privação da presença de Deus. Não temos como mensurar essa morte porque ela nos afasta cada vez mais do Sumo Bem, de tudo aquilo que buscamos para sermos felizes. Como são lados opostos, caímos na desgraça da infelicidade total, no inferno.

Deus é Senhor de tudo e de todos, nada acontece sem a Sua permissão. Nesse conceito, muitos reclamam: "Por que Deus deixa isso ou aquilo acontecer, e vemos tantas desgraças acontecerem? Por que Deus simplesmente não acaba com o mal, os demônios e tudo mais que é ruim?".

A resposta é simples: o amor não tem em seu dicionário a palavra "destruir". O amor só constrói. Se Deus fosse destruir tudo que é contrário a Ele, restaria algum de nós? Assim como antes do dilúvio o Senhor encontrou Noé, um homem justo e com bondade no coração, e instruiu que ele construísse uma arca para abrigar a si e sua família, além de animais selvagens e domésticos, salvando-os assim do dilúvio enquanto todo o resto passou para outro plano — não foi destruído, mas enviado para o inferno onde há choro e ranger de dentes. Nós, por herança, ficamos marcados pelo pecado original, numa caminhada em busca do perdão e da reconciliação com Deus.

Para nos resgatar desse "contrato" assinado pelo homem com o inimigo do Criador, o Pai nos enviou seu Filho unigênito, que desceu do céu para nos resgatar e mostrar como é o amor. Mostrou a plenitude do amor dando sua vida por nós, enquanto ainda somos pecadores, ou seja, traímos a moral divina pela mesma desobediência que Eva cometeu, e mesmo assim Ele nos amou. Aí está a tradução correta da palavra "amor": não é um sentimento, mas uma decisão com atitude de dar ao outro o melhor e o mais caro que você tem, mesmo que o outro não mereça.

Jesus morreu e desceu aos infernos — a "Mansão dos Mortos", que recitamos no *Creio* todos os domingos — como Deus-Homem para resgatar o contrato assinado, pagou o preço, e a única coisa que Deus destruiu foi a morte, ou seja, nada pode ser destruído, tudo será eterno, tanto na presença de Deus que é a alegria da eternidade no amor, quanto na tristeza daqueles que se rebelaram e não aceitaram viver na presença d'Ele.

Jesus resgatou a nossa duplicata, que seria paga com a morte, pregou-a na cruz e, com o selo real de seu preciosíssimo sangue, lavou--nos de nossos pecados. Para os cristãos, este é o único caminho para a salvação. Jesus nos espera, na plenitude do amor, em sua cruz, para nos purificar e nos levar ao Pai. Ele disse: "Quem quiser me seguir, pegue sua cruz e me siga!"

Nessa caminhada, encontraremos muitas barreiras e dificuldades impostas pelos anjos da morte. Assim como tentou seduzir Jesus no deserto, oferecendo riquezas e poder, da mesma forma Satanás tenta nos desviar e nos fazer desistir da nossa verdadeira missão, que é aprender a viver no amor.

Nossos olhos se enchem de desejos pelas belezas das coisas que vemos, porque são atraentes e somos incentivados a possuí-las, e na ganância de possuir cada vez mais esquecemos das virtudes e da moral divina, que nos pedem caridade e partilha. Tudo isso ofusca nossa visão, e faz com que mantenhamos nossas mãos livres para conseguirmos segurar essas coisas terrenas, nos levando a largarmos nossas cruzes, desobedecendo novamente a Deus, e nos perdermos pelo caminho.

Quando tomamos ciência de onde nós estamos, longe do amor, começamos a nos debater na escuridão do egoísmo e do rancor, porque achamos que as coisas e pessoas estão nos atrasando em nossa caminhada, mas na verdade nós mesmos estamos nos jogando para o fundo do poço. A depressão começa a se instalar em nossos corações e não conseguimos reagir porque nossas mãos estão segurando as coisas deste mundo, que perecem, e o nosso coração está vazio e sujo. Esse é o verdadeiro desejo de inimigo.

A maldade começa num coração volúvel, que se vende às belezas deste mundo e se esquece das coisas do alto, as que vêm de Deus. Jesus é o Caminho, a Verdade e a Vida, Ele é o Pão descido do céu que nos alimenta em nossa caminhada. Os sacramentos são como instrumentos de pertença a Ele, como o Sacramento do Batismo; para nos purificar, assim como o Sacramento da Confissão e a Unção dos Enfermos; são como plataformas de sustentação e motivação para seguir no caminho, como o Crisma, o Matrimônio e a Ordem; e o Sacramento central de toda a Igreja é o próprio Senhor que está no Santíssimo Sacramento da Eucaristia, que é a presença viva do próprio Jesus —corpo-sangue-alma-divindade, para nos alimentar até o fim de nossas vidas aqui na terra, e no céu desfrutarmos da alegria plena em sua presença eterna.

Se nos mantivermos com Jesus e em Jesus, não nos perderemos no caminho e a depressão não nos atingirá. O nosso Anjo da Guarda, que participou da batalha em honra ao Senhor, nosso poderoso amigo e aliado, estará sempre presente para nos defender contra as insídias de Satanás e seus asseclas. O anjo do Senhor acampa ao redor dos que o temem, e os liberta. "Provai e vede como o Senhor é bom, feliz o homem que nele se abriga" (*Salmo 34, 8-9*).

Deus nos deu seu Filho para nos resgatar das garras do pecado, e por Ele o único Caminho para retornarmos ao Pai. Encarnou-se no seio de uma virgem escolhida e preparada para esse tão grande gesto. Para que pudesse vir ao mundo dignamente como Deus, que tudo pode, imaculou-a e encheu-a de sua Graça, assim reconhecido pelo Anjo Gabriel, que significa "Como Deus". A virgem imaculada é cheia de Graça porque acreditou e obedeceu à vontade divina, por isso respondeu: "Faça-se em mim segundo a tua palavra!". E recebida a importante missão de ser a mãe do Senhor dos senhores, entregou-se de corpo e alma à vontade do Pai, gerou do Espírito Santo.

Maria saiu apressadamente para servir a sua prima Isabel, pois o verdadeiro cristão, assim como Cristo, veio para servir e não para ser servido. Ela alimentou e cuidou do próprio Senhor, e o amou com o mais puro amor, que também a recebeu como mãe e lhe foi obediente, consagrando-a como Rainha do seu corpo — a Igreja, tanto a peregrina, como a penitente e a triunfante.

Maria nos conforta e nos atende diante das batalhas contra a concupiscência e as insídias de Satanás, com o poder dado por Deus de pisar-lhe na cabeça sem ser atingida pelo pecado. Essa mãe maravilhosa e doce que nos acolhe e conforta, a única criatura de Deus que não pode ser tocada pelo pecado pois fora "blindada" desde a sua concepção. Maria representa a obediência e a determinação que o Senhor pediu a nós, por isso a "cheia de Graça" nos leva e nos conduz ao Filho para encontrarmos n'Ele a salvação eterna.

Maria representa a docilidade de ser cristão diante da batalha que enfrentamos contra aqueles que desejam destruir o amor. Diante do perigo, peça sua proteção:

*Salve Rainha,*
*Mãe de misericórdia,*
*Vida, doçura e esperança nossa, salve!*
*A Vós bradamos, os degredados filhos de Eva.*
*A Vós suspiramos, gemendo e chorando neste vale de lágrimas.*

*Eia, pois, advogada nossa,*
*Esses vossos olhos misericordiosos a nós volvei.*
*E, depois deste desterro, mostrai-nos Jesus,*
*Bendito fruto do Vosso ventre.*
*Ó clemente, ó piedosa, ó doce sempre Virgem Maria.*
*Rogai por nós, Santa Mãe de Deus,*
*Para que sejamos dignos das promessas de Cristo!*

Jesus nos mostra o caminho e as armas para bem combatermos o mal, deu-nos como mãe, ao pé da cruz, sua própria mãe. Carregou nossos corações mostrando compassividade e compaixão, a doação e caridade, a vocação com atitude, a alegria na busca das virtudes, o sacrifício e obediência ao Pai. Essas são as nossas munições para combater o mal. Um combatente cristão carrega em seu coração as mesmas virtudes do Cristo Senhor.

Assim nos ensina São Francisco:

*Senhor, fazei-me instrumento de vossa paz.*
*Onde houver ódio, que eu leve o amor.*
*Onde houver ofensa, que eu leve o perdão.*
*Onde houver discórdia, que eu leve a união.*
*Onde houver dúvida, que eu leve a fé.*
*Onde houver erro, que eu leve a verdade.*
*Onde houver desespero, que eu leve a esperança.*
*Onde houver tristeza, que eu leve a alegria.*
*Onde houver trevas, que eu leve a luz.*
*Ó Mestre, fazei que eu procure mais consolar que ser consolado, compreender que ser compreendido; amar que ser amado.*
*Pois é dando que se recebe; é perdoando que se é perdoado e, morrendo, que se vive para a vida eterna.*

Portanto, não tenhamos medo, nem nos entreguemos à depressão pelo pecado, pois assim Jesus nos garantiu: "E eis que eu estou convosco todos os dias, até a consumação dos séculos!" (Mt 28,20).

## ~ Capítulo 2 ~

## Conflitos familiares

Caracterizam-se por situações nas quais uma pessoa da família arroga para si determinada coisa ou direito sobre pessoas. Muitos homens e mulheres acreditam serem donos de seus cônjuges, muitos pais e mães acreditam serem donos dos filhos. Ter a responsabilidade enquanto os filhos são pequenos, manter uma voz de autoridade em sua casa é uma coisa, dominar em tudo, até nos gostos individuais, é uma demonstração abusiva porque tolhe o direito de escolha em muitos casos.

Conflitos familiares são desencadeados por vários motivos e podem ser continuados e intensificados por vários fatores. Provocações comuns incluem questões econômicas e financeiras, comportamento crítico de um ou mais indivíduos, percepções de injustiça, diferenças de valores ou manipulação.

Hoje em dia, os valores construídos no seio da família estão sendo ferozmente questionados. O secularismo vem impondo novos conceitos. Um movimento chamado de Nova Ordem Mundial — ou Nova Era, para alguns — questiona os conceitos construídos ao longo de três milênios. Na Grécia Antiga havia pluralidade de deuses —o politeísmo —; depois veio o conceito judaico-cristão de um só Deus — o monoteísmo. A partir do século XVI, com a reforma protestante, que gerou novas igrejas dentro da Igreja Ocidental Cristã, a humanidade sofreu uma desconstrução dos valores instituídos que continua sendo executada e incentivada em alta proporção pela mídia, procurando impor novas ideias. A Nova Ordem Mundial usa da insistência, como diz o ditado popular: "Uma mentira dita muitas vezes se torna verdade". Propaga-se que Jesus Cristo não é o motivo central para toda a criação, e sim o próprio homem. Desde o seu início, a Igreja Católica vem sendo combatida por movimentos diversos, os mais conhecidos sendo o Iluminismo, Protestantismo, Nazismo e Socialismo, o chamado Humanismo, que não é nada mais que um ateísmo com outro nome, e agora a Nova Ordem Mundial.

A Nova Ordem Mundial é um movimento que proporciona ao homem o seu próprio juízo. Os seus defensores se dizem ofendidos pelos conceitos cristãos, e os acusam de manipularem as massas com a ideologia de um falso amor. Essas mentiras ditas constantemente pelos canais de comunicação vão se enraizando nos corações dos mais jovens, propondo uma desconstrução do que está em vigor por gerações: uma família constituída por pai, mãe e filhos se tornam uma aberração, ou simplesmente uma modalidade arcaica e superada.

A Nova Ordem Mundial promove uma anarquia na sociedade, e diante da anarquia facilita-se a introdução de um novo conceito, de novas ideias. O homem se torna o seu próprio algoz, rejeitando sua própria existencialidade que vem de um Deus. Sendo o centro de tudo, o homem pode escolher o que melhor lhe convém, pois tudo passa a valer desde que se mostre lucrativo e lhe traga algum prazer. Assim, cada vez mais, alguns poucos dominarão as riquezas deste mundo e poderão decidir a sorte dos menos favorecidos, e são eles que vêm financiando o movimento desde o século XVI.

Segundo Aristóteles, a felicidade consiste em uma atividade da alma conforme a virtude. É o bem supremo, que tem um fim em si mesmo, sendo almejado por todos. O que constitui a felicidade são as ações virtuosas, e as atividades viciosas nos levam em sentido oposto.

Ao contrário de Aristóteles, o conceito de felicidade difundido pelos seguidores da Nova Ordem Mundial está nos prazeres que cada um alcança ou desenvolve, basta repetir para conservar um estado de alegria.

Nesse frenesi, as coisas perenes levam o ser humano a uma psicose e, na sua abstinência, assim como um viciado em drogas lícitas ou ilícitas, começa a sofrer um estado de falta de controle. Transmite uma compulsividade desmedida, tirando do indivíduo o seu equilíbrio emocional e psíquico.

No seio da família se aprendem valores como o respeito ao próximo, a partilha com os irmãos e o afeto entre aqueles que se amam. Aprende-se que as conquistas só acontecem se somadas as virtudes auferidas.

Crescemos com valores morais de acordo com os quais o Criador está no centro de nossas vidas, pois foi Ele quem nos deu a vida e a mantém, enquanto a secularização leva o jovem a enfrentar desafios e se colocar frontalmente contra um Deus Criador, e assumir-se como centro cósmico de sua existencialidade. Para a juventude, esse conceito é atraente, pois o jovem detém a vitalidade e a vontade de mudar as coisas, as regras constituídas, sempre com o intuito de melhorar a convivência e a crença que as gerações anteriores já estão ultrapassadas, e a proposta de conceitos antigos deve ser enterrada. Isso está sendo difundido em larga escala nas escolas, na mídia e redes sociais, onde tudo é válido na busca da chamada "felicidade", que na confusão mental, confunde-se o conceito de felicidade com prazer.

Assim, o conceito de responsabilidade cai por terra, e o amor ao próximo perde seu valor, o próximo passa a ser aquele que deve pensar igual a você. É uma tentativa de acabar com a relação entre o homem e Deus, pois se tudo deve ser relativizado, todos os valores se perdem, pois no seu núcleo não há mais uma essência de sustentação e, assim, tudo pode ser mudado, em qualquer esfera.

No dia a dia, os membros de uma família saem para o trabalho ou escola, ou para a socialização em grupos, e então são bombardeados com esses novos conceitos, e como é natural, os comparam com os aprendidos com os pais e avós, e pensam: "Ora, são antagônicos, totalmente contrários uns aos outros!"

Começam a questioná-los e recebem pressão dos colegas e amigos para mudarem suas ações. Nos trabalhos escolares e outras atividades são cobrados de acordo com esses novos conceitos, e punidos se não aderem aos novos conceitos. Isso me faz lembrar o conceito da origem do homem:

- Na *Bíblia*: O homem foi criado por Deus e formado do pó da terra (*Gn 2:7*).

- Nova pesquisa científica concluiu que diversos grupos africanos contribuíram para o surgimento do *homo sapiens*, formando uma espécie de mosaico. Um processo que durou centenas de milhares de anos. Antes, éramos obrigados a responder que o homem veio do macaco, porém, sempre contrapondo às Escrituras Sagradas.

Os conceitos antigos são interpretados pela sociedade moderna como preconceitos, ou seja, não pode haver opiniões diferentes. Com esse autoritarismo, a cabeça do jovem fica abalada, e começa a se questionar: "Tenho que agir em casa de uma maneira e lá fora de outra?".

A família tradicional, hoje chamada assim, é vista como uma aberração, um retrocesso e por isso, é combatida. Hoje a família deve se modernizar, afinal, tudo deve valer, tudo é relativo.

O sexo passa a ser uma relação experimental de prazer, e deixa de ser uma relação para procriação. Hoje é preferível adotar um *pet* (gato, cachorro, papagaio, tartaruga, *hamster*, cobra, bode, porquinho etc.), pois dá menos trabalho que um filho. "Sabe quanto custa educar um filho e ou uma filha?"; "Vai ser preciso pagar os estudos até a faculdade, e isso custa uma fortuna!" Um *pet* é bem mais barato, e não fica reclamando, é só alegria.

Com a liberação do sexo, casais não precisam mais serem monogâmicos, o respeito e a fidelidade acabam. A constituição familiar está sendo colocada em prova, todas essas alternativas propostas são perenes porque não têm fidelidade na relação, e sem fidelidade a relação perde o sentido.

## *Conflitos*

Atendemos a inúmeros casos de conflitos entre casais, entre pais e filhos, entre irmãos, e são muitas as motivações, vejamos algumas delas:

- **Herança**: diante do falecimento de um dos provedores, quanto maior for o legado financeiro, maior será a disputa. O inventariante deve procurar uma assessoria jurídica imparcial, para que a vontade do falecido seja respeitada, tanto no âmbito familiar, quanto no judiciário. A lei positiva (a lei dos homens) precisa ser respeitada, e nesse momento os sentimentos de perda, saudade e lembranças afetivas, tudo vem à tona. Muito cuidado, pois os ânimos ficam exaltados, e muitas vezes o dinheiro fala mais alto que a relação afetiva.

- **Drogas**: quando um ou mais membros está envolvido com drogas, lícitas ou ilícitas, é preciso buscar ajuda competente em cada caso. Acontecerão subtração de pertences de familiares para pagamento de traficantes, agressões físicas e morais. A família inteira adoece porque todos sofrem com as consequências, direta ou indiretamente. Não existe uma maneira fácil de abordar o problema. É necessário pulso firme no encaminhamento para desintoxicação, mudança de atitude dentro de casa e entre os familiares no intuito de manter as drogas longe do convívio. Buscar uma terapia familiar para dimensionar as causas básicas e as causas imediatas para o envolvimento do membro da família com álcool ou drogas. É preciso um acompanhamento contínuo para restabelecer e manter o equilíbrio familiar perdido. Grupos de apoio, como Alcoólicos Anônimos, Pastoral da Sobriedade etc. podem ser muito úteis.

- **Maturidade**: a diferença de idade entre os membros por vezes é bem-vinda, pois o irmão ou irmã mais velhos se tornam exemplos a serem seguidos, além dos pais. Por outro lado, não se tem alguém para brincar. Hoje, as crianças brincam muito tempo sozinhas ou com aparelhos celulares e *laptops*, e o vínculo fica prejudicado. A educação fica terceirizada para as redes sociais. Muitas vezes, os pais dizem que fiscalizam o que os filhos acessam, mas os mais jovens aprendem a driblar essa fiscalização, e quando os pais finalmente compreendem isso, às vezes se formou um obstáculo na relação. Isso provoca verdadeiros confrontos, ringues se formam por motivos banais. Também podemos chamar de conflitos amorosos, pois estão cheios de amor, um querendo ajudar o outro, mas não sabem agir. Buscar um diálogo sem cobranças e sem ofensas é o caminho para uma reconciliação. Talvez seja necessário um mediador, um conselheiro.

- **Ciúmes**: uma demonstração nociva de gostar do outro, um sentimento de posse, e ninguém é dono de ninguém. O casamento deve ser baseado na confiança oferecida e não cobrada, ou seja, ama-se realmente, busca-se a felicidade do outro. Isso deve ser recíproco. Apesar dos ciúmes estarem cheios de vontade de amar, o sentimento de posse fala mais alto. Um conselheiro mediador consegue ensiná-los a depositar suas ofensas e desconfianças por terra para conversarem sadiamente. Parece simples, mas geralmente o desrespeito se instalou na relação, e será preciso removê-lo.

- **Separação do casal ou divórcio**: antes de qualquer atitude, deve-se propor uma ou mais tentativas de reconciliação, de forma mediada. Avaliar a responsabilidade de cada um diante da desfeita do lar, pois os pertences serão discutidos na esfera judicial, mas os bens morais, familiares, filhos, enfim a vida vivida deve ser mensurada, e caso não tenha mesmo possibilidade de reconciliação, e a decisão deverá partir do coração do casal, devendo encaminhá-los à esfera jurídica. Todos perderão, pois numa cisão, algo que era um todo, nunca mais o será. É como perder um membro do corpo, e agora passará a usar uma prótese para se mover ou realizar suas atividades.

O matrimônio não pode ser visto como algo que se deve experimentar. Uma vida a dois requer uma boa análise antecipada. Existem duas fases naturais que devem ser vividas:

- **Namoro**: fase linda e gostosa de se viver. O primeiro olhar, a conversa começa a se mostrar atraente, pois os dois veem que gostam das mesmas coisas. Tempo de se conhecerem, de mostrarem um ao outro suas qualidades e defeitos. Tempo de sonharem juntos, pois quando se sonha algo sozinho, continua sendo um sonho, mas se for sonhado a dois, se torna realidade. Infelizmente, a sociedade provoca muitos distúrbios para essa relação. Muitos pensam em "ficar", conhecerem suas preferências sexuais e, se forem do seu agrado, será até possível experimentar para ver se dá certo. O secularismo tem proposto mudanças no vocabulário original:

    * Amor, que é *doação*, para sexo que é dominação e prazer.

    * Ficar, que é *estar juntos*, para ter uma experiência sexual, e assim por diante.

- **Noivado**: tempo de ajustes para preparação do Matrimônio, que é uma relação a três: Homem-Mulher-Deus. Uma fase apaixonante, pois se for vivida como deve ser, as famílias e os amigos se encantam com os preparativos da cerimônia matrimonial, se alegram com os planos de vida dos nubentes. Todos se identificam com a seriedade que conduzem para assumirem a responsabilidade de constituírem uma nova família e estarem abertos à vida, recebendo com alegria os filhos que Deus lhes confiar, pois serão bençãos vindas do céu.

Participarem de curso de preparação, fase obrigatória ministrada pela Pastoral Familiar, constituída por casais mais experientes da paróquia, quando os noivos podem aprender e trocar ideias de como agir quando passam por situações difíceis, pois elas serão muitas, mas se vividas no apoio mútuo, serão vencidas, tudo sob os preceitos da moral cristã.

Será um lar onde se aprenderá o que significa o Amor de Deus, e que, no dia a dia, a tolerância, o respeito e o perdão devem prevalecer e antecipar qualquer atitude de ambos os lados. Se isso ocorrer, serão verdadeiramente felizes.

Não existe uma fórmula exata para um matrimônio bem-sucedido, existe sim um caminho que deve ser seguido pelo casal, e esse caminho tem um nome: **JESUS**.

# ~ Capítulo 3 ~

## Assédio moral

*Conceito: qualquer conduta que caracterize comportamento abusivo, frequente e intencional, por meio de atitudes, gestos, palavras ou escritos que possam ferir a integridade física ou psíquica de uma pessoa, vindo a pôr em risco o seu emprego ou degradando o seu ambiente de trabalho.*

O assédio moral configura-se como um conjunto de atos reiterados, praticados no ambiente de trabalho, por superior hierárquico contra seus subordinados, ou por colegas de trabalho contra um trabalhador, os quais ofendem a dignidade e a autoestima do empregado, acarretando-lhe danos físicos, psíquicos, emocionais e morais.

Para compreendermos melhor esse processo, vamos analisar separadamente os protagonistas. Vamos chamar o assediador de **agressor** e o assediado de **escolhido**, para preservar a sua autoestima. Vamos também identificar as motivações que levam alguém a perseguir outra pessoa, desconhecida ou não, e quais são os gatilhos que levam o agressor a dar início a esse processo, seu planejamento e execução.

### Agressor ou agressora

Baseado em casos acompanhados e vivenciados, podemos identificar quais são as causas básicas ou motivações:

- **Financeira**: geralmente, o agressor avançou em sua carreira. Inicialmente por meritocracia, mas deixou de se atualizar e vê aquilo que conquistou sendo ameaçado por um profissional atualizado, com novas ideias. O medo de perder tudo o faz confundir conceitos e valores aprendidos e desenvolvidos, por isso, age defensivamente, assim como um animal ferido e acuado.

- **Sexo**: o agressor pode ter vivido ou vivenciado um relacionamento abusivo, ou está num casamento falido. Viciado em sexo compulsivo, com vergonha da sua sexualidade, tendo uma necessidade compulsiva de provar a si mesmo e aos outros sua vitalidade e poder de conquista. Enxerga os outros como objetos disponíveis e troféus a serem conquistados. Isso não é movido somente por homens, mas também por mulheres, o que não é muito raro acontecer.

- **Poder**: em sua linha de desenvolvimento pessoal e profissional, cresceu em um ambiente competitivo, desonesto e corrupto, no qual cada um precisava derrubar o outro, ou seja, subjugar o concorrente. Pode ter sofrido *bullying* na escola e aprendeu sozinho a se defender. A conquista do poder está sempre presente na cabeça do agressor, seja por meio da conquista de espaço e poder, do financeiro e/ou do sexo.

- **Prazer**: o agressor escolhe um ou mais dos itens anteriores e deflagra uma perseguição, escolhendo, aleatoriamente ou especificamente, um ou mais indivíduos. Nesses casos, o agressor detém um cargo importante na organização e não se sente ameaçado por ninguém. Para o agressor, é um passatempo no qual se diverte vendo a destruição do outro. É um psicopata clássico.

O agressor é uma pessoa mal resolvida, tanto emocional como moralmente. Sua educação deve ter sido rígida, o que é bom e salutar, pois aprendemos valores recebendo instruções e negativas para preservar limites. Contudo, as frustrações e abusos recebidos dentro de casa ou no meio em que cresceu, fomentaram em seu coração e em sua mente um falso conceito de educação e despertaram o desejo de dar continuidade. Em outras palavras, o que aprendeu tem que ser repassado aos filhos e a todos que o rodeiam, acreditando ser um método de ensino, ou será só por vingança mesmo. Não conseguiu assimilar que os seus limites terminam quando se inicia a individualidade do outro.

Na maioria dos casos, encontramos agressores em estabelecimentos públicos porque são concursados e com uma certa estabilidade empregatícia, e precisaria ser submetido a um processo administrativo para demissão. Em organizações particulares, encontramos assédios que na maioria das vezes são de cunho sexual.

A psicopatia não escolhe sexo, assim também acontece na formação, ou melhor, na deformação do caráter de um agressor. Identificamos que em sua maioria são homens devido à facilidade em alcançarem cargos mais elevados nas instituições, numa sociedade ainda machista. Porém, com a participação cada vez mais efetiva da mulher no desenvolvimento econômico, o que sempre existiu, mas foi sempre reprimida. Assim, vemos cada vez mais mulheres doentes imitarem homens em sua psicopatia, não porque precisam imitar, mas porque também são psicopatas e instabilizadas por uma má formação de caráter, passam a acreditar numa necessidade de imposição diante da sociedade em geral, e se tornam ainda mais implacáveis que os homens. Utilizam-se do método de assédio moral e/ou sexual, principalmente contra subordinadas que possam ameaçar a sua posição conquistada com tanto suor.

Vivemos momentos na história em que a competitividade é acirrada, mas também aprendemos que devemos respeitar o outro, pelo menos no seu conceito. Em ambientes nocivos, os valores de conquista são motivados para se atingir cargos mais elevados a qualquer custo. Vemos isso na ausência dos pais ou responsáveis que sabem colocar limites nas ações e na conduta, e que ensinam a compartilhar, e que isso torna a pessoa bem aceita socialmente. Por exemplo: emprestar um dos carrinhos ou uma das bonecas e, assim, conquistar um amigo ou amiga. Mas, em nosso caso, o agressor pode ter tido qualquer dos ambientes; o que não encontrou em seu coração foi a empatia para com o outro e tornou-se um competidor sem limites.

A frustração deve ser uma companheira em tudo que faz. Por mais que conquiste, nunca será suficiente para satisfazê-lo, e isso, muitas vezes, poderia ser encarado como um ponto positivo, ou seja, buscar sempre melhores resultados. O que o torna perigoso não é "o que", mas "como" se realiza — e a que preço.

O agressor geralmente é uma pessoa simpática e politicamente correta. Seus discursos são motivadores e agregadores, assim desvia de si os olhares dos demais gestores e superiores. Mas em seu departamento ou setor persegue alguém para apresentar como exemplo aos demais, para que não ousem desafiá-lo, ou serão submetidos ao mesmo processo. Age maquiavelicamente.

Num dos casos avaliados por mim, o agressor havia saído de um divórcio conturbado, o que é normal, pois toda separação mexe demais com as pessoas. Ele elegeu um profissional casado havia 15 anos e que se mostrava ser um romântico incorrigível, sempre comprando flores para a esposa e coisas semelhantes. A inveja do outro, vendo que ele vivia sempre sorridente e alegre ofendia a sua vida sem sentido e amarga, e isso o fez "pirar", e resolveu destruir o profissional.

## Como acontece o processo de assédio

- *1º sinal*: elege-se um do grupo. O escolhido, de alguma forma, ofende a vida do agressor, simplesmente por existir ou por contrapor algo que ele lutou e não conseguiu preservar ou conquistar.

- *2º sinal*: desacredita-se o escolhido em tudo que ele faça, utilizando-se de falsas ordens ou missões difíceis (ou até impossíveis).

- *3º sinal*: promovem-se as chamadas microagressões, que são provocações e ofensas, sempre em tom de brincadeira, que visam desestabilizar emocionalmente o escolhido diante dos outros, com o intuito de que ele perca seu equilíbrio e passe a proferir palavras de baixo calão ou respostas ofensivas publicamente contra o agressor ou colegas mandados pelo agressor, dando justificação e acolhimento às acusações e possível má conduta do escolhido. Essas microagressões ocorrem durante todo o processo.

- *4º sinal*: desmoraliza-se o escolhido como pessoa provocando situações embaraçosas, e até comprometedoras à moral e bons costumes, desafiando o código de ética da organização, assim como perante clientes ou fornecedores, pondo em questionamento a honestidade no trato das coisas da empresa.

- *5º sinal*: provoca-se o desequilíbrio emocional e moral do escolhido, promovendo ações mais desafiadoras, colocando-o sempre em xeque, para que ele desenvolva um complexo de inferioridade e de incapacidade, levando-o à depressão.

- *6º sinal*: provoca-se o questionamento da família, pois será o primeiro lugar que ele buscará apoio, e, para o agressor, o último a pôr em xeque. O agressor aposta num questionamento familiar: "Você só reclama do serviço, mas se todo mundo está marchando de um jeito, e você de outro, como você pode estar certo?". Se isso acontecer, se o escolhido se enxergar dessa forma, estará pronto para entregar os pontos e pedir demissão. Para o agressor, fato consumado, xeque-mate, e agora é só celebrar a vitória.

O processo inteiro é cuidadosamente estruturado e planejado, mas só terá efetividade se houver cumplicidade de mais atores, que são "conquistados". Assim, eles geralmente são coagidos a seguir os passos do agressor. Este é uma pessoa simpática quando lhe convém, pois sabe agir com maestria para demonstrar as suas opiniões. O seu discurso geralmente é enfático, mas quando contrariado é bravateador e age impositivamente. Não tem dúvida em pensar: "Tenho certeza do que digo, sempre estou certo". Não consegue sentir empatia pelos outros e é extremamente vingativo. Apesar de ser uma pessoa possuidora de inteligência e de um QI acima da média, também carrega em sua mente os transtornos de sociopatia e psicopatia, tornando-se uma pessoa altamente perigosa para a sociedade e para si mesmo.

Nem toda pessoa que se mostra com a personalidade já descrita é um agressor, mas todo agressor tem uma personalidade assim, pois é egoísta, egocêntrico, malfazejo e sem escrúpulos.

## *Escolhido*

Vamos estudar um caso real, de uma pessoa que busca uma estabilidade econômica por meio de um concurso público. Estudou bastante, pois a concorrência é acirrada. São poucas vagas, é preciso embasamento técnico e administrativo. São tantas matérias, e às vezes, por poucos décimos, perdeu sua vaga em concursos anteriores, mas no final, conquistou um cargo.

Agora, será preciso passar por um período de adaptação e aprovação para ser efetivado. Serão longos meses de avaliações e cobranças. Contudo, o coração está em festa, sua família orgulhosa, e juntos fazem planos de recuperação financeira, pois com uma certa estabilidade, o crédito fica mais fácil. Estuda-se até a compra da casa própria por meio de um financiamento de longo prazo, afinal, trata-se um cidadão da classe média, ou até média baixa. É o início de uma carreira.

O desempenho vem de um profissionalismo desenvolvido em empresas privadas, em que a cobrança é maior do que na carreira pública. Na carreira privada, o empregador exige pluralidade no desempenho, enquanto na carreira pública cada atividade é bem delineada, e tem uma remuneração específica. Tudo é regido por um código de ética, ou pelo menos deveria ser.

Em tudo, o novo servidor procura mostrar solicitude, pois já está em seu DNA de trabalhador. Porém, acaba sendo designado para o setor em que está lotado o agressor, e este está sedento para mostrar a todos em sua equipe atual, incluindo os novos, que ali existe um "senhor" de todos, e na entrevista de entrada e nas primeiras semanas, o agressor o escolhe simplesmente porque assim o desejou, por suas qualidades físicas e intelectuais, como também pelo exemplo de ser uma pessoa agradável aos demais, e assim, o chefe deixa de ser a estrela e deixa de ser o centro das atenções que acha merecidas.

## Os ataques começam

Nas reuniões para divisão de tarefas, as mais difíceis e problemáticas são entregues ao novato. Ele se dedica, busca informações com os colegas de como o chefe vai gostar dos relatórios, e os entrega com a maior boa vontade e na modelagem que os colegas lhe orientaram. Na próxima reunião, para avaliar o desempenho, o chefe critica fortemente e ridiculariza, tanto no tempo de execução, como na apresentação, para espanto de todos, pois tinha sido um recorde e uma apresentação que sempre havia sido elogiada pelo próprio chefe. Desacreditado, o novato fica se perguntando: "Puxa! Fiz tudo com o maior apreço, mas estou em teste, e preciso me dedicar mais!"

Nas próximas missões, a situação não muda — pelo contrário, piora. Cobranças mais fortes. "Não foi isso que eu pedi"; "Você está tentando prejudicar o setor?".

Contudo, o serviço foi realizado, o trabalho do setor foi bem executado. O chefe apresentou aos superiores a sua produtividade. Porém, com mentiras, pois afirma que teve que executar pessoalmente ou pedir para outro colaborador, pois o novato é fraco, e esconde que o trabalho fora feito pelo escolhido.

O empregado começa a ficar desanimado, acreditando que não serve para o serviço público e começa a duvidar de si mesmo: "Como vou explicar isso em casa?"; "Todos contam comigo!"; "Será que eu sou um desastre?"

Mas confia na receptividade dos seus em casa e desabafa suas frustrações. Porém, a perseguição se torna constante e frequente. Com o passar o tempo, ele começa a perceber que tudo aquilo que está acontecendo acontece apenas com ele.

O escolhido sente que não pode ficar inerte diante de tudo aquilo e procura orientação. Só que as coisas pioram, pois como a ação do agressor é estruturada, ele é avisado que o novato está se debatendo. Para o agressor isso é bom, afinal, a presa está na teia tecida por ele, e pensa: "Agora é hora de apertar mais!"

Se o funcionário novo não conseguir apoio internamente, deverá fazê-lo externamente. Deve procurar o sindicato dos empregados, mas nunca quebrar a cadeia hierárquica. Porém, sozinho ele não conseguirá ir muito adiante. Como disse Einstein: "Contra uma força estruturada, somente outra força estruturada pode combatê-la!". Não adianta procurar o nexo causal, ou seja, a motivação que levou o agressor a agir, ele simplesmente é doente e mau.

Alguns passos se tornam vitais para a manutenção do emprego e da saúde do novato, e isso ele aprendeu no calor das batalhas:

- Nunca quebrar a hierarquia. Caso o faça, ferirá o código de ética da organização, o qual poderá ser quebrado se comprovada a inoperância do acusado, e isso é difícil, principalmente numa condição de assédio.
- Buscar apoio do Sindicato do Empregados.
- Buscar apoio do Comitê de Ética na organização, caso houver.
- Guardar provas de demandas, ordens recebidas, orientações para execução, seja por e-mail, memorandos, testemunhas, relatórios de produtividade e atividades sugeridas para a melhoria da execução dos trabalhos. Por exemplo: muitas atividades são equiparadas ou parecidas, então obviamente a cobrança deve ser também parecida. Nesses casos, a discrição é essencial. Ninguém pode saber que você está guardando essas provas. Lembre-se de que o assediador detém o domínio sobre todos do grupo e tem influência em outros setores. Não confie em ninguém na organização até conseguir produzir provas, nem que sejam básicas, que comprometam a integridade do agressor.
- Buscar apoio na família. Isso é essencial para o equilíbrio emocional e psíquico. Essa etapa será a mais importante e a mais difícil, porque eles estão vendo tudo de fora, não conhecem o sistema e não sofrem o *bullying*. Muito cuidado nesse momento, pois com certeza o agressor já deve ter espalhado sinais de uma incompetência forjada dentro da organização, e isso já pode ter respingado no ambiente familiar.
- Escutar as opiniões da família, principalmente no que tange ao comportamento, pois a depressão é uma corrosão interna e silenciosa, e, se não for tratada adequadamente, pode se tornar uma psicose.

- Denunciar o agressor, não de forma volúvel, mas com provas e/ou indícios do assédio. O escolhido ficará exposto durante todo o processo, que pode levar meses e até anos. Nunca deverá esquecer que o assediador é influente, e provavelmente não será desligado da organização. Provavelmente o escolhido será remanejado, e deverá estar sempre atento, pois o assediador é vingativo. No caso em estudo, o assédio perdurou por onze anos, mesmo depois do escolhido ter sido transferido de setor, e até de área.
- Atuar na organização como se estivesse numa guerra. Sempre a postos para um ataque do inimigo, que é traiçoeiro e amoral, mas nunca atacar, pois a sua estrutura será sempre menor que a do agressor, a menos que ele saia da organização.

## *Consequências e danos*

O objetivo do agressor é desconstruir todos os valores preexistentes na vida do escolhido: religiosos, físicos, emocionais, afetivos e psíquicos. Isso pode acarretar reações diversas:

- **Depressão**: por se tratar de um processo longo e altamente danoso, certamente o escolhido ou escolhida sofrerá com uma depressão, que poderá ser leve ou acentuada. Dependerá muito da estrutura preexistente e/ou montada para sua defesa. A família será primordial, amigos verdadeiros aparecerão, mas também aqueles que se dizem amigos o abandonarão à própria sorte.
- **O estresse pós-traumático**: pode acarretar uma mudança nas atitudes, se mostrando mais intolerante, não só no trabalho, mas também no convívio familiar e social. Nesse caso, será preciso um tratamento psiquiátrico ou psicológico. Por se tratar de um tema relevante, vamos retomar este assunto em um capítulo específico.
- **Homens**: na maioria dos casos, desperta o desejo de matar o opressor, numa reação instintiva de sobrevivência.
- **Mulheres**: na maioria dos casos, o desejo é de suicídio, pela sua natureza física e emocional, porém não é exclusivo às mulheres.

- **Suicídio:** hoje encarado como um problema de saúde pública pela Organização Mundial da Saúde (OMS), que publicou, em 2019, que nas Américas os índices aumentaram em 19%. Por isso devemos ficar atentos aos sinais de depressão nas empresas em geral, e não apenas nas instituições públicas e estatais.

## *Decisões*

São três os caminhos mais seguidos pelos escolhidos:

- **Resignação:** na dificuldade de construir uma estrutura de defesa, muitos também já estão fragilizados em suas vidas e não encontram forças para suportar a opressão por um período prolongado, decide que o melhor é se desligar da organização. Principalmente em casos de assédio sexual, pois o agressor ou agressora ocupa um cargo elevado e geralmente é inabalável na organização. Em outra situação, se o escolhido tiver aprovação em outro concurso, se torna dispensável a posição atual.

- **Vingança:** este caminho não é aconselhável. A vingança destrói não somente um lado, mas os dois. Como diz o ditado popular: "Quem busca a vingança deve cavar duas covas, uma para o alvo e outra para si!".

- **Defesa:** nunca devemos fugir das ofensas que são proferidas contra nós, como também não podemos deixar que o medo domine nosso coração e nossa mente. Enfrentar os problemas é aprender a crescer, é uma oportunidade de fortalecer nossos valores e nossas virtudes. Acredito ser o melhor caminho a ser seguido para encontrar uma paz interior, um sentimento de dever cumprido, e quando se olhar no espelho poder dizer: "Fiz o que tinha de ser feito, não me acovardei!".

Se decidirmos seguir pelos caminhos da resignação ou da vingança, não teremos somente perdido a guerra contra a maldade imposta pelo agressor, mas seguiremos pelo mesmo caminho traçado por ele. Sim, seguiremos a mesma escola do agressor e, se não tivermos nossos valores bem-estruturados, a vingança não ficará somente no agressor, se tornará uma psicose, e não nos satisfaremos numa só vez, porque a vingança não sacia, mas excita. Há uma grande chance de nos tornarmos um futuro assediador.

## *Denunciar*

A Câmara Federal aprovou o Projeto de Lei 4742/2001 em março de 2019, que tipificou o assédio moral no trabalho como crime. Sabemos que a impunidade no Brasil é coisa enraizada, porém, quando nos deparamos com um crime, seja cometido contra nós ou outrem, devemos denunciá-lo, não para servir de estatística, mas para ajudar o sistema a encontrar caminhos de mitigação ou sanar tais delitos. Assim como devemos registrar um furto ou roubo, devemos dar voz a todos que sofrem com o assédio, porque o assediador está tentando roubar algo muito mais importante que um bem material: está tentando roubar a fé da pessoa, a sua tranquilidade, o seu equilíbrio emocional e financeiro. O silêncio pode ser mais danoso que o próprio assédio, porque demonstra indiferença, e esse sentimento pode ferir mais profundamente que o próprio assédio.

## *Reconstrução*

Daremos algumas sugestões para auxiliar no apoio a quem já sofreu ou está sofrendo assédio. Isso serve também para seus amigos e familiares que acompanham o sofrimento, e juntos possam montar uma boa estratégia na defesa contra esse mal:

- Nunca deixe de lado os valores construídos em sua família, afinal, é lá que alicerçamos nos nossos valores e projetamos os nossos caminhos.
- Busque as coisas do alto. A proximidade com os Sacramentos traz equilíbrio diante das situações de perigo.
- Nunca deixe de ouvir a sua consciência antes de agir, é a voz de Deus proferida pelo seu Anjo da Guarda.
- Mantenha o diálogo em casa, não como um centro de desabafo, mas como um lugar de respeito e carinho pelos problemas uns dos outros. Todos merecem ser ouvidos com o coração.
- Resgate os valores morais dados por Deus, e não os valores dados pelos homens.
- Cuidado com os conselheiros de plantão. Busque quem conhece o assunto sobre o qual pretende tratar e, de preferência, que busque manter os seus valores.

- Ninguém decide por você, mas saiba escutar opiniões e separar as boas das ruins.
- Aja sempre com responsabilidade, pois seus filhos e familiares te observam, e seguem seus passos. Educação é exemplo.
- Não se iguale ao opressor, mantenha a altivez do seu caráter e da sua dignidade, coisas que ele não tem.
- Para trabalhar durante o assédio, vista seu uniforme, ou seja, vista-se do profissional que você é, e vá para o trabalho. Ao voltar para casa, retire o uniforme e reassuma o seu papel de pai, mãe, esposo ou esposa, filho ou filha.
- Seja sempre gentil e cortês — no trabalho e em casa. Desenvolva o dom da paciência e do bom humor.
- Fora do trabalho, ria das coisas que não deram certo, assim diminuirá o impacto delas em sua vida e em sua mente. Busque manter um hobby, e não deixe a sua família fora dele. Viaje ou vá jantar fora sempre que possível. O importante é manter-se em movimento, isso afastará a depressão.
- Faça exercícios físicos regularmente, de preferência com orientação profissional, pois, com o passar da idade, tendemos a acreditar que conseguimos desenvolver as mesmas práticas que fazíamos quando éramos mais jovens. Jogar futebol ou vôlei uma vez por semana é muito bom, pois lhe fará conviver com outras pessoas, mas seu condicionamento precisa estar em dia para essas atividades, senão você poderá machucar sua musculatura, e para que isso não ocorra, procure fazer academia e caminhadas pelo menos três vezes por semana. Atividade física revigora e reoxigena o cérebro e será de grande valia para suportar e reconhecer saídas diante dos problemas.
- Quando rezamos o "Pai Nosso", dizemos: "Perdoai as nossas ofensas, assim como perdoamos a quem nos tem ofendido". Quem amou mais foi quem perdoou mais, portanto, exercite o mais belo de todos os gestos cristãos. O perdão não apaga o passado, mas promove um futuro, pois liberta das amarras da angústia e do ressentimento.

Num assédio moral, as cicatrizes são profundas, semelhantes a um câncer vivido. O tratamento é longo e doloroso, mas, se encontrar a remissão, ou seja, a cura acontecer, a alegria também voltará, porém os costumes e relacionamentos se moldam a uma nova realidade.

Ocorreu um amadurecimento pela angústia e pelo sofrimento, o que eleva o espírito a melhor compreensão de amar o próximo, mas cuidado com uma recidiva, ou retorno da doença. Não se deve buscar culpados, pois sempre os encontraremos, como também não devemos nos culpar. Tanto na doença como no assédio, o culpado será a própria doença, ou o próprio assediador.

É preciso trabalhar constantemente a leveza de coração e o autocontrole, e para isso o melhor caminho, repito, será a proximidade com os Sacramentos, pois eles alimentam, curam e renovam nossos bons pensamentos e atitudes.

Um coração valente é provado e construído diante das dificuldades. Como disse Henry Ford: "Quando tudo parece estar indo contra você, lembre-se que o avião decola contra o vento, não a favor dele". Nunca se intimide com os desafetos e não é preciso confrontá-los, simplesmente use da força contrária deles para alavancar as suas atitudes na busca dos seus sonhos, mas nunca deixe de lado a sua honradez e a gentileza cravadas no seu ser.

## ~ Capítulo 4 ~

## *O medo e a depressão*

Para a psicologia, o medo é basicamente a maneira que o corpo encontra de nos preparar para algo que represente ameaça ou perigo. Quando nos deparamos com situações como essas, o cérebro envia para o corpo sinais que buscam maximizar as chances de sobrevivência. É uma sensação que proporciona um estado de alerta diante da dúvida de se fazer algo, exatamente por se sentir ameaçado, tanto física como psicologicamente.

Na *Bíblia*, o medo é frequentemente associado à falta de confiança em Deus e à ausência de fé. É um sentimento contrário à confiança e à coragem que devemos depositar no Criador. É uma barreira construída entre Deus e o indivíduo. O medo nos ajuda a lembrar que sem Deus estamos perdidos.

Na filosofia, segundo Martin Heidegger (1889-1976), o medo nos convida a viver na impropriedade, não atribuímos sentido, deixamos que os outros e as circunstâncias o atribuam, nos alienamos de nós mesmos, vivemos sempre correndo, com nossas agendas cheias de distrações que nos ocupam.[2]

Para o psicanalista Jacques Lacan (1901-1981), considerado um dos principais intérpretes de Sigmund Freud, o medo é uma emoção que emerge de forma inconsciente, muitas vezes relacionada com o imaginário e o simbólico, em oposição ao real, é uma maneira de se proteger contra a ameaça da castração simbólica e da perda de identidade.[3]

Esse sentimento é muitas vezes confundido com o sentimento de pavor. O pavor é o medo enfatizado, ou seja, exponencialmente aumentado, saindo do controle emocional. É um sinal de que não encontramos recursos em nós mesmos para superar o desafio que está diante de nós.

---

[2] SILVA, J. C. Filosofia da existência: Heidegger, medo e angústia. **Uol**, [s. l.], [20--?]. Disponível em: https://educacao.uol.com.br/disciplinas/filosofia/filosofia-da-existencia-heidegger-medo-e-angustia.htm. Acesso em: 3 fev. 2025.

[3] SANTORO, V. C. O estranhamente infamiliar dos medos. **Reverso**, Belo Horizonte, v. 42, n. 79, p. 53-58, jan./jun. 2020.

O sentimento do medo libera hormônios tais como a adrenalina, que causa imediata aceleração dos batimentos cardíacos. É uma resposta do organismo a uma estimulação aversiva, física ou mental, cuja função é preparar o sujeito para uma reação de lutar ou fugir. São os instintos de sobrevivência à flor da pele.

São muitos os tipos de medo. Vamos destacar alguns:

- **Da morte:** este é o maior medo que o homem sente, que aumenta ao longo da sua vida, principalmente para aqueles que deixaram os valores básicos como o amor, o respeito à dignidade e à própria vida em si. Que passaram a dar maior valor às coisas perenes, como o dinheiro e o poder.

- **Sociofobia:** como devemos e podemos nos comportar diante os outros, em família, na escola, no trabalho, no lazer, em outras palavras, por onde quer que andemos precisamos ser aceitos, e isso nos deixa inseguros. Cabe esclarecer que esse conceito de como se relacionar é conhecido e visto como sexualidade, hoje confundido com sensualidade. A sensualidade busca expor o indivíduo de forma provocativa, atrativa e de cobiça, enquanto a sexualidade parte do indivíduo em se comunicar com os outros na sociedade, mostrando-se como ele é verdadeiramente.

- **De relacionamento:** os sentimentos de autoafirmação perante os outros são uma constante, não só para sermos reconhecidos, mas também de sermos valorizados. As pessoas podem ser cruéis com um simples olhar ou gesto de indiferença, às vezes involuntariamente, mas que podem marcar profundamente uma pessoa insegura de si.

O medo, quando potencializado, pode encarcerar o indivíduo, engessando seus pensamentos e atitudes. Porém, o ser humano, por natureza, não consegue se acostumar a uma "prisão", seja ela física, psíquica ou emocional.

O encarcerado passa a desenvolver sentimentos e atitudes de fuga, que muitas vezes se mostram autodestrutivas e que podem necessitar de apoio profissional. Vejamos algumas delas:

- **Fumar:** é um vício geralmente adquirido pelo medo de não ter conseguido se socializar pelos seus próprios méritos, e passa a agir como os demais querem ou fazem.

- **Drogas lícitas ou ilícitas:** são muitas as fontes geradoras, como conflitos familiares e pessoais, porém, todas convergem para a falta de segurança nos relacionamentos interpessoais e emocionais. Nesses casos, é necessário um acompanhamento profissional.

- **Automutilação:** a falta de saber se expressar provoca ações como de uma pessoa com dupla personalidade, uma que finge o que não é perante os outros, e quando está só se pune por não conseguir se mostrar verdadeiramente. Vemos aumentar em escalas exponenciais jogos pela internet, tais como "Baleia Azul", a marcação no próprio corpo de nomes e imagens de pessoas que amamos e depois nos deixaram, muitos querem deixar de ser o que são, macho ou fêmea, querem deixar de parecer humano, e assim por diante. Nesses casos, é necessário apoio profissional.

- **Isolamento social e financeiro:** a falta de equilíbrio e a convivência com a desonestidade e a corrupção provocam um sentimento de egoísmo e medo de perder o que adquiriu com tanto esforço, não pode ser compartilhado com ninguém. "Eu contra o mundo!" Isso é mais comum do que parece. As pessoas com grande sucesso econômico tendem a se separar da convivência com parentes e amigos antigos com medo de serem abordados com pedidos de empréstimo de dinheiro e assim por diante. É possível conviver, só é preciso aprender a dizer "não" e continuar a convivência sem remorso.

- **Sexo desenfreado:** os meios de comunicação de hoje ensinam e provocam uma fuga para quem não se preocupa com gastos, mas pode se deliciar com os prazeres da carne, e ficar longe dos problemas que estão em casa. Isso não irá resolver os problemas, só adiá-los e agravá-los.

- **Jogos de azar:** um mundo que o indivíduo pensar dominar. O baralho, as apostas esportivas, a loteria e outros são vendidos como uma possibilidade de fortuna fácil. Sim, é uma fortuna fácil, mas para quem a instituiu e premia a ganância. O direito positivo tem descaracterizado muitos desses jogos de azar mostrando um percentual de lógica na interpretação — por ex.: para formar um jogo de três cartas com o mesmo número dividindo 100% pelas probabilidades. Continua sendo um jogo de azar, ou de sorte puramente calculada. Num jogo recreativo isso funciona, pois tudo vira brincadeira, só que num jogo de apostas, custa dinheiro a vontade de ganhar ou recuperar o que já foi perdido se torna irrefreável. A pessoa só afunda cada vez mais.

- **Religiosidade compulsiva**: a falta de companheirismo dentro de casa e nas amizades leva muitas pessoas a se colocarem diante de Deus como uma fuga da realidade que lhe foi confiada. Se colocar diante de Deus é salutar, mas não podemos nos esquecer que o próprio Deus nos colocou naquela família e com esses amigos, com uma missão. Uma missão deve ser assumida e não abandonada. Jesus disse: "Se queres me seguir, pegue sua cruz e me siga!". Portanto, precisamos manter o equilíbrio, o radicalismo sempre é prejudicial.

- **Telefones celulares**: por meio dos aplicativos de redes sociais podemos nos manifestar sem uma resposta direta do outro. Isso nos faz crescer em confiança, porém nos remete ao isolamento físico. O celular se torna o meu melhor amigo porque com ele posso torcer valores dos outros que me afligem ou ofendem o meu mundo particular. Cada vez mais posso me isolar e fugir da realidade, é só ligar e conversar com o meu melhor e mais íntimo amigo — o próprio celular.

- **Jogos virtuais**: como entretenimento, deveriam levar as pessoas para um desenvolvimento intelecto-emocional, mas, na prática, levam ao isolamento. Formam-se "tribos" de jogadores, com um relacionamento pela tela do computador. Encontros olho a olho praticamente inexistem e viraram até competição internacional. Na maioria dos jogos encontramos desafios de combates tribais, aquele que mais destruir e matar adversários vencerá a fase, subirá de nível até se tornar invencível. Estudos estão sendo realizados para ver se há influência nos atos de violência na sociedade, como os ataques feitos em escolas e atentados e assassinatos em massa acontecendo mundo afora. A mente humana sempre absorve o que aprendemos no dia a dia, seja em casa ou em qualquer outro lugar. Se recebemos incentivo para brincar com a morte e destruição, só precisará de um gatilho para uma mente perturbada e isolada no seu mundo. Um mundo que se pode dominar sem se expor. Porém, se encontrar uma realidade bem diferente, aquela personagem que foi destruída no jogo voltará na próxima fase ou numa próxima rodada, e a consequência será somente a perda de uma "vida" no jogo ou da partida, contudo, na realidade não, aquele que levar o tiro poderá morrer ou ficará com sequelas e não voltará mais ao estado normal que estava, como acontece no jogo, e a responsabilização virá pelo julgamento da sociedade e de Deus.

- **Espiritualidade disfuncional**: diante de uma opressão que se leva à separação do convívio daqueles que amamos e para uma depressão, muitas pessoas com falta de discernimento e com dúvidas em sua fé buscam outras religiões que prometem cura milagrosa, se perdem na busca de respostas. São induzidos a acreditar que tudo é válido, principalmente diante de uma secularização imposta por líderes déspotas (tiranos que não acreditam em Deus e nas verdades da fé) e provocam confusão na mente daqueles que buscam a proteção para suas vidas em Nosso Senhor Jesus Cristo.

- **Suicídio e morte**: a falta de alternativas para resolver um problema, uma perseguição, um *bullying*, uma violência física, assédio sexual ou moral, enfim, uma ofensa que provocará uma reação incontrolável, encontrada em duas vertentes:

  * Homens acuados normalmente procuram eliminar o oponente ou aquilo que os agride. Contudo, diante de uma psicose, pode ir desde a eliminação do outro até o suicídio.

  * Mulheres acuadas normalmente agem ao contrário dos homens. Elas pensam primeiro no suicídio e depois na eliminação do oponente devido à sua natureza maternal biológica.

Uma batalha não é travada somente no lado emocional, mas também no lado espiritual. Tudo que fazemos é reflexo daquilo que temos no coração. Quando um reino está prestes a ser atacado pelo inimigo, o rei chama seus armeiros, seus ferreiros, para preparar as armas a serem utilizadas pelos soldados. Reúne toda a cavalaria e seus cavaleiros, coloca as mulheres e crianças sob proteção, aumenta a vigília na muralha, os arqueiros dispostos estrategicamente, enfim, se prepara para defender o seu reino e a si mesmo. Reúne o povo na igreja e reza para que Deus venha em seu socorro. Podemos ver que o medo se torna um trampolim para que a coragem possa emergir, tornando-se a principal atitude de todos para a defesa de suas vidas e seus pertences. O medo cumpriu o seu papel, alertou todos do perigo, e com um bom senso e preparação, decide-se fugir ou lutar.

A coragem não é o oposto do medo, mas eleva a vontade de enfrentar o inimigo em qualquer situação. Portanto, não devemos fugir de imediato diante de uma ameaça, a não ser que seja evidente a ameaça de morte. Devemos usar o nosso discernimento do bem e do mal, que poderá afligir a nós ou aqueles que amamos, ou que se encontram sob nossa proteção.

Devemos, ao contrário, nos apaixonar pelo medo, aprender a dominá-lo com sabedoria na mente e na alma, e com gentileza no coração, tornando-se um grande aliado na hora do perigo, assim como o nosso Anjo da Guarda, que nos alerta do mal, e com responsabilidade, agiremos sabiamente. Foi para isso que o Criador nos formou à sua imagem e semelhança, para agirmos sempre com amor e misericórdia, buscando mitigar os danos em todas as relações, sempre agindo com amor, o que levará a todos ao crescimento em estatura e em virtude.

A fuga nos leva à separação do convívio com os outros e nos leva à depressão, a depressão nos leva à destruição, e a destruição nos leva à morte ou à vingança, que são a mesma coisa, pois a vingança leva à morte de ambos, vingador e vingado.

O medo age não somente perante os perigos que nos podem fazer o mal, mas também perante aquilo que pode nos fazer o bem. Muitas pessoas gostariam de casar-se, mas têm medo de que os outros não aceitem a sua aparência ou o seu status na sociedade, e tantos outros motivos. Na verdade, vemos que essas pessoas se encontram dominadas pelo medo da rejeição, e se esqueceram de que antes de amar os outros é preciso amar-se a si mesmo, pois o amor nasce no coração de quem ama.

Antes de se posicionar sobre qualquer assunto, é preciso discernir se seremos agentes de construção ou destruição de algo. Se vamos construir novos relacionamentos sadios, se vamos dar oportunidade ao outro e a nós mesmos de elevar virtudes, ou se vamos provocar a desconstrução moral de alguém, ou ficar de posse de coisas que não nos pertencem, e assim por diante. O medo deve ser o sinal de alerta, um "stop" para reflexão, um momento para que a nossa consciência ilumine a decisão mais acertada.

É preciso amar a si mesmo e ao outro, mesmo diante de uma batalha. Perante uma defesa, se estamos alimentados pelo amor, produziremos justiça e vida, se alimentados pelo ódio, produziremos vingança e morte. Esse é o segredo da vida, amar sem medida, perdoar sempre, porque o perdão oportuniza um futuro, enquanto o ódio fecha todos os caminhos.

Quando nos deixamos dominar pelo medo, ele começa a crescer sem medida, e se torna pavor. Isola o indivíduo, primeiro nos sentimentos, em tudo aquilo que o faz sofrer e potencializa a dor, ainda que na mente, mas com o passar do tempo, é possível até sentir na própria pele. Depois começa a dominar o seu corpo, a sua mente e até a sua alma.

Vejamos o exemplo de quem tem medo de agulhas. No começo, é só problemático olhar para alguém vir com uma seringa para aplicar uma injeção, é só fechar os olhos. Com o passar do tempo, já não pode mais nem ver alguém vestindo jaleco branco. O medo passa a ser uma psicose, e além de um simples medo de agulha, pode virar síndrome do jaleco branco. Consulta marcada, começa a sudorese, calafrios e a sentir agulhadas no braço.

O equilíbrio emocional permite fluir a fé, que é a chave para bem dimensionar os alertas provocados pelo medo. Desde pequenos somos chamados a desafiar nossos limites, isso se chama evolução humana, mas toda evolução deve ser pautada na segurança e na preservação da vida. Desafiar os nossos limites nos faz crescer tanto em espírito como em estatura. Se formos eficazes seguindo uma boa conduta, nos tornaremos bons filhos de Deus, porque utilizamos da fé Nele diante das encruzilhadas da vida, em que o medo nos fez parar para decidir qual dos caminhos deveríamos seguir.

Portanto, o medo não deve ser encarado como um sentimento prejudicial, mas uma virtude a ser compreendida e amada.

## ~ Capítulo 5 ~

## *Estresse pós-traumático*

É um distúrbio caracterizado pela dificuldade em se recuperar depois de vivenciar ou testemunhar um acontecimento traumatizante. O tratamento ajuda a controlar e mitigar os sintomas, mas essa doença não tem cura. Vejamos alguns exemplos:

- Um militar convocado a defender o seu país em uma guerra precisa defender os seus companheiros e a si mesmo do inimigo, e para isso é treinado para destruir instalações e eliminar o próprio inimigo quando se deparar com ele, ou participar de missões de destruição de pontos estratégicos. Ao retornar para sua casa, depois de cumprida a missão, revive em sua mente as atrocidades vividas, o coração se aperta, as lágrimas fluem livremente em sua face. Qualquer barulho mais forte, como uma cadeira derrubada ou um vaso que cai, trazem reações de autodefesa e contra-ataque que podem causar ferimentos em alguém totalmente indefeso, como sua esposa ou um filho. Pesadelos se tornam constantes e a cada dia que passa, devido à insônia, suas forças não se renovam, e para se ocupar durante o dia, além do trabalho normal, passa suas horas de folga construindo mecanismos para deixar a sua casa bem protegida. Se não for acompanhado por um profissional, se tornará um perigo para si mesmo e para outros, pois a psicose instalada tende a se agravar.

- Um bombeiro convocado para dar atendimento numa inundação, como a ocorrida em 2024 no Rio Grande do Sul, participa heroicamente de resgates de pessoas e animais que correm risco iminente de morte. Nosso herói presencia situações inimagináveis e precisa promover ações imediatas, tomar decisões que o forçarão a decidir pela vida de um ou de outro, pois ambos não cabem no bote salva-vidas, às vezes é possível voltar a tempo de resgatar o que permaneceu, às vezes não; pensa até em dar lugar àquele que não coube no bote, e ficar aguardando o retorno depois do resgate, mas se não seguir o protocolo todos podem acabar perecendo, pois é necessário estabilizar os resgatados e comandar a embarcação. Encontra muita destruição e tudo isso vai corroer o seu coração, porque está no seu DNA salvar a tudo e a todos que puder. Segundo o protocolo mundial, uma equipe de resgate não pode ficar mais de uma semana no front, sendo necessário um acompanhamento psicológico para mitigar os efeitos em sua vida, assim como todos os que sofrem perdas, sejam materiais, emocionais e até espirituais. Muitos perderão até a crença no Deus bondoso e misericordioso, contudo, não existe mal que não venha para garantir um bem maior, só não conseguimos entender e muito menos visualizar uma situação dessas. Mas ele existe, olhemos para a solidariedade do povo brasileiro, que historicamente nunca se recusou a ajudar o próximo quando chamado.

- Uma mãe que recebe o diagnóstico de câncer no seio precisará do apoio de toda a família, não só no combate à doença, mas também nos efeitos colaterais. A quimioterapia fará com que seu corpo inche devido aos corticoides, sinta mal-estar após cada sessão, a autoestima diante do espelho ao ver seu cabelo caindo. Será preciso uma força-tarefa por parte de familiares e amigas para superar tudo isso. O acompanhamento da evolução ou involução da doença será constante e periódica para evitar uma recidiva ou metástase.

- Um jovem se entrega às drogas para fugir de suas frustrações. Inicialmente começa com remédios e xaropes, passando a antidepressivos, pegos de seus familiares. Não sendo suficientes, recorre aos seus colegas de escola, também frustrados, que conhecem traficantes atentos e cordiais, que o iniciam na maconha, outras drogas mais pesadas, incluindo cocaína, afinal o rapaz sempre tem um dinheirinho que os pais dão para as despesas pessoais. O uso aumenta, o dinheiro não é mais suficiente, então alguns objetos começam a desaparecer, um pouco de dinheiro da bolsa da mãe, da carteira do pai. Alguém se dá conta da falta e começa a observar as atitudes estranhas e questiona. Começam as discussões e brigas. A família toda se encontra em guerra, primeiro entre si, depois contra o agressor, a droga e seu fornecedor. Uma luta sem vencedores, a desestruturação familiar se torna evidente, não que já não existisse, mas fica agora escancarada.

Em todos os casos, vemos uma verdadeira guerra deflagrada a um inimigo, seja humano, natural, pessoal ou existencial. Todos eles afetam diretamente as pessoas, seus pertences e valores.

Os traumas e as cicatrizes não ficam marcados somente nos agentes sofredores, mas em todos que estão ao seu redor. Se uma pessoa é resgatada de escombros, os paramédicos aplicam sedativos para estabilizar a pressão, o seu estado emocional e diminuir as dores físicas que porventura estejam instaladas, e seguem diretamente para o centro médico que dará continuidade no atendimento. Porém, como ficam seus familiares e amigos diante de uma expectativa de sobrevivência, de sequelas e assim por diante? Seria uma negligência não observar as atitudes dos acompanhantes, que por vezes merecerão também um atendimento, evitando um colapso nervoso ou arterial-cardíaco.

No caso da mãe com câncer, o marido e filhos precisam revezar no acompanhamento das sessões de quimioterapia ou radioterapia, ou numa internação para extração do nódulo caso necessário. O patrão será compreensivo em dispensar o marido para acompanhar a esposa? Os filhos perderão aula ou trabalho para acompanhar a mãezinha? O convênio irá cobrir o tratamento? Tudo isso vai gerar apreensão na família.

Não existe um trauma que seja vivido somente por uma pessoa, ele sempre afetará um grupo, pequeno ou grande, e todos precisarão revisar seus valores e condutas. São batalhas em que não haverá um vencedor e um perdedor, mas consequências a serem assimiladas por cada um, na dimensão que lhe for imposta, e que no tempo devido, ou seja, na maturação do problema sem contraposição, a cobrança será impiedosa.

Vejamos o caso do jovem envolvido com drogas. Se não confrontarem o problema de forma unida, a família se destruirá. Os membros se acusarão uns aos outros, o vício se tornará cada vez mais forte. Enfim, esse é um processo destrutivo. Uma boa sugestão é realizar terapia familiar para reconhecer o problema e quais as ferramentas que a família dispõe para enfrentá-lo. Primeiramente, cada membro deve aprender que no relacionamento familiar deve imperar o respeito mútuo, aprender a conversar e, principalmente, a ouvir.

Depois encaminhar o jovem para tratamento de desintoxicação, com a sua própria aceitação. Os hábitos e convívio social deverão mudar, pois se não for assim, a motivação que o levou ao vício será retomada, e tudo voltará para o fundo do poço. Nesse caso, tudo teve início na falta de estrutura familiar, pais que não conversam e não se respeitam, filhos que convivem com essa falta de respeito e aprenderam que tudo se conquista através de chantagem. Tudo é permitido desde que não incomode o outro e assim por diante.

Em todos os casos, a coragem de vencer o inimigo fará toda a diferença. Encontramos muitas pessoas que sabem falar muito bem, com muita eloquência para mostrar aos outros o que eles devem fazer para resolver seus problemas, mas são covardes em agir, inclusive diante de suas próprias dificuldades. São como os políticos que prometem as coisas boas e necessárias para o povo e que depois de eleitos se esquecem de tudo.

A decisão de enfrentamento não deve se restringir apenas ao começo, mas deverá ter uma continuidade. É preciso mudar o olhar para as coisas, não com negativismo, mas aproveitar a experiência vivida para reconhecer o perigo quando ele se apresenta, e contra-atacá-lo antes que ele cresça. Como diz o ditado popular: "É melhor matar o monstro enquanto ele ainda é pequeno, depois que ele cresce o tiro deverá ser maior!"

Como dissemos: "Não existe um mal que não possa ser tirado um bem maior!". Até mesmo do estresse pós-traumático, que não tem cura, mas, com ponderação, podemos crescer em maturidade e grandeza de espírito, elevando nosso reconhecimento e predisposição para o enfrentamento de situações que venham a ameaçar a dignidade de nossa família, e que a união no amor é o maior escudo contra todo o mal que o mundo possa nos oferecer.

A família é a célula da sociedade em que tudo começa e termina. Aprendemos que tudo o que fazemos tem consequências e retornam para nós, não só aquilo que fizemos para o outro, mas principalmente aquilo que deixamos de fazer. Se vejo que meu irmão está com problemas, mudando de comportamento e de humor, e não falo nada para ele, acabo criando um inimigo que futuramente poderá me atacar proporcionando a destruição de ambos. Esses são os primeiros sintomas de que ele está se envolvendo com coisas erradas, ou pelo menos com coisas que a família desaprova. A omissão é mais perniciosa do que a ação contrária, contudo sempre deverá haver respeito.

Se falo com o outro com amor, respeitando a sua individualidade, é bem provável que saberá ouvir e ponderar a minha opinião. Se falo como reprimenda ou austeridade, acusando de má conduta, mesmo que ouça, a mensagem não chegará ao seu coração. Na vida, precisamos agir sempre procurando o bem maior, o bem que ajude no crescimento, tanto individual como coletivo, mas tendo em mente que o mais importante não é o que fazemos, mas como fazemos.

A família é o ninho em que se aprende a amar e é o celeiro em que se armazena o amor. É um local sagrado onde Deus depositou a semente da vida, tanto que Ele se fez homem para vir a este mundo através de uma família. Na família, encontramos a proteção e o carinho, recebemos educação e orientação para bem servir a sociedade como pessoas dignas e virtuosas. Aprendemos também que sofreremos contrariedades, e que não podemos perder a coragem de enfrentá-las. Também aprendemos que se precisarmos chorar nossas mágoas e se nos sentimos perdidos, a família sempre será um porto seguro para onde podemos voltar quando quisermos e precisarmos.

# ~ Capítulo 6 ~

## Sair do buraco

A depressão é um vício que arrasta para baixo, tal qual areia movediça. Quanto mais nos debatemos, mais nos afundamos em nossas próprias percepções negativas, porque é tudo aquilo que conseguimos enxergar, e permanecemos nelas, ficamos como que hipnotizados diante do fracasso e o desespero nos alcança e nos envolve.

Segundo a psicologia, uma depressão pode levar o indivíduo a vários tipos de transtornos desenvolvidos por reações ou por genética, e em estágios diferentes, e se não forem tratados, evoluem e podem se tornar psicoses profundas.

Os transtornos mais comuns são, em primeiro lugar e mais destrutivos na minha opinião, aqueles que provocam a perda do sono. Sabemos que uma noite mal dormida gera muitos inconvenientes no dia seguinte, diminui a produtividade no trabalho, nos estudos, nos afazeres domésticos, traz irritabilidade, mau humor, e tantos outros desconfortos, além de impedir a reprodução celular que acontece durante o estágio do sono.

Outro transtorno bastante conhecido é o aumento de apetite ou, em outros casos, a falta dele; que geram aumento da pressão arterial, arritmia cardíaca, aumento de colesterol, bulimia e anorexia.

Transtornos emocionais, como déficit de atenção, com prejuízo na expressão escrita, na matemática, ou transtornos motores, muitas vezes servem para alertar de que algo está errado.

Transtornos de ansiedade, obsessivo-compulsivo ou de trauma elevam as expectativas do indivíduo a extremos e a repulsa das outras pessoas, levando-o a um estado de isolamento social. Os estágios dos transtornos podem ser classificados como leves, moderados ou graves, e isso deve ser diagnosticado por um profissional.

Segundo a psicologia, o conceito de transtorno é uma combinação de pensamentos, percepções, emoções e comportamento anormais, que também podem afetar as relações com outras pessoas.

## Mas, afinal, como nasce um transtorno?

Sempre reagimos aos ataques dos outros, em primeiro lugar na posição de defesa. Quando estamos "descalibrados", ficamos mais sensíveis e reagimos desproporcionalmente à forma como agiríamos normalmente e, nesse desequilíbrio, construímos barreiras para não sermos atingidos novamente por aquilo que está nos ofendendo. Construímos um muro ao nosso redor, e fazemos com que ele seja intransponível até encontrarmos um modo confortável, porém ficamos isolados e o problema persiste.

Por outro lado, quando não conseguimos construir essa muralha, procuramos chamar a atenção daqueles que podem nos ajudar, mas não sabemos como pedir, então agimos de maneira que possam ser reprováveis, chegamos até a nos autopunir e automutilar, mas tudo isso é só para pedir socorro. Com o passar do tempo isso se transforma em neurose.

Não há uma regra específica de como prosseguirmos diante de um problema, tudo dependerá do estado em que nos encontrarmos, em que estágio da vida estivermos, qual a cultura familiar, quais são os conceitos e preceitos adquiridos, enfim, são várias as vertentes, assim também serão muitas as estradas a serem construídas em direção da autodefesa.

Friedrich Nietzsche, filósofo alemão, em seu livro *Além do bem e do mal*, afirmou: "Quando se olha muito para um abismo, o abismo olha para você".

Os transtornos demonstram que estamos enfrentando um momento de incapacidade em gerenciar nossos problemas, tudo começa a tomar proporções que antes não existiam, e que na verdade não existem, aparecem somente na mente que está confusa. Muitos vícios começam nessa fase, muitos falsos amigos aparecem e oferecem drogas, jogos e outras formas de fuga.

Assim começa a viagem de ida para o fundo do poço. Ela pode ter sido provocada por pessoas que, com certeza, não nos amam, que se aproveitaram de nossas fraquezas, fizeram de nós um objeto de exploração, para ser usado e descartado. Temos participação no processo de descida ao poço, não por sermos culpados pelo que nos fizeram, mas nos deixamos levar por influências negativas, quando nos encontrávamos fragilizados, então questionamos nossos valores e paramos de buscar as coisas positivas da vida. As coisas boas existem, mas o mal também, e ele só tem uma função — de nos afastar das coisas boas.

Precisa-se mudar o enfoque, se afastar um pouco do problema para conseguir enxergá-lo com mais nitidez, parar de olhar para o abismo, que está cheio de lodo fétido. Você não faz parte disso. Não somos responsáveis pelas atitudes dos outros, por aquilo que fizeram contra nós, não foi nossa culpa. A nossa culpa reside na decisão do que faremos do lugar onde nos jogaram.

## Vamos continuar nessa fossa, ou vamos buscar ar puro?

Diante da escuridão, a nossa pupila se contrai porque só temos um campo de visão, estamos voltados para o fundo do poço, e quando viramos para o outro lado começamos a enxergar, mas é preciso fechar os nossos olhos para recalibrá-los por alguns instantes, pois eles doem com a luminosidade, já que estavam acostumados com a penumbra, mas logo eles se adaptarão à luz.

Toda mudança gera um pouco de desconforto ou dor, e o medo retoma nosso coração diante de algo desconhecido. Agora a nossa antiga vida na luz que estava perdida está fora do nosso alcance, e para retomá-la precisaremos ter coragem para enfrentar o desafio em caminhar até lá, os transtornos que formamos em nossas mentes estão presentes apenas lá. Seremos aceitos de volta? É o momento de decisão, e ela só poderá partir do seu coração, você precisa dar o primeiro passo na direção da luz.

É preciso buscar forças nas lembranças boas, nas coisas que gostaríamos de ter feito, nas pessoas que amamos e que nos amam de verdade. Não tenha dúvida que se as lembranças são boas, as pessoas também serão, e elas estão ansiosas em ver-nos de volta, porque nos amam de verdade.

Não tenha vergonha de mostrar fraqueza. Se alguém estiver dando a mão para você, levante os olhos para cima e não desista agora. Seja valente! Tem muita coisa boa com você. Faz tempo que ninguém pergunta como você está? "Está difícil me mover, é um piso escorregadio e lamacento aqui embaixo. Preciso montar uma base com qualquer coisa boa que foi jogada aqui para servir de apoio, e poder pisar firme. Ah! Encontrei um sorriso de meu filho, encontrei mais um de minha esposa ou meu esposo. Que saudade daquele abraço gostoso que recebi no meu aniversário, no Natal. Opa, estou começando a pisar novamente em solo firme".

Busque em seu coração motivos para continuar, não pare de caminhar em direção da luz. Mas não corra, pois o caminho é escorregadio e traiçoeiro, e de passo a passo, de sorriso em sorriso, de abraço em abraço, de uma oração, da proximidade com os sacramentos, indo à missa, e com outras coisas positivas se construirá uma escada para uma subida segura, sem deslizar para o fundo novamente.

A ociosidade ensina muitos males (*Ecl. 33,29*). Fuja dela, busque sempre uma atividade, procure manter-se em movimento. Pratique um esporte, de preferência em que possa interagir com outras pessoas. Vá ao supermercado, ao shopping, nem que seja só para ver pessoas e ser visto, olhar as novidades e comparar preços entre uma loja e outra, isso irá revigorar seu cérebro.

A vida acontece ao seu redor, e com o exercício físico, seu cérebro e todos os seus órgãos receberão sangue oxigenado e renovado, e muitas dores que você vem sentindo desaparecerão, porque muitas áreas em seu corpo estão se atrofiando, não é só a sua mente, e os sintomas como a insônia começarão a desaparecer. Não fomos criados para ficarmos parados, de algum modo, por mais difícil que possa parecer em certos momentos, podemos e devemos nos mover, pois todo aquele que para, verá que na verdade não estará parado, mas regredindo, andando para trás ou para o lado, apenas fugindo de si mesmo e dos outros.

Alimente-se de pensamentos bons e fuja dos maus. Que não seja o ódio a base para a sua subida. Nietzsche também afirmou em seu livro: "Quem combate monstruosidades deve cuidar para que não se torne um monstro".

Se você ficar se culpando por ter caído nessa fossa ou ficar buscando os culpados, seu coração se encherá de lamentos e rancor, e a sua motivação te destruirá. Talvez você até consiga sair da fossa, mas cairá numa outra mais funda ainda, escavada por você, sua própria cova. Construa sua saída com o bem, pois o bem gera o bem, enquanto o mal gera o mal.

Busque valores nas coisas pequenas, elas são mais fáceis de carregar, lembre-se, uma casa é construída tijolo por tijolo, assente bem cada um deles, e quando você menos esperar, verá uma parede sólida à sua frente, e o mais belo de tudo — construída por você mesmo.

Não repasse a responsabilidade das suas decisões para os outros, pois quem responderá pelas suas atitudes será você mesmo; então, meu amigo, minha amiga, se volte para a luz, e assim você conseguirá enxergar o caminho.

Você precisa identificar os motivos que o levaram para o fundo do poço, e para isso deve procurar um bom conselheiro ou psicólogo, algum profissional que te ajude a ordenar seus pensamentos e reencontrar-se com os seus sentimentos. É preciso tomar muito cuidado com os conselhos de pessoas que participaram do seu processo de queda, elas poderão acionar gatilhos que podem destruir a sua caminhada de retorno. Para que isso não venha a ocorrer será necessário um fortalecimento de seus valores de forma conjunta — os físicos, os morais e os espirituais.

O retorno para a luz não é somente psicológico, mas do ser como um todo. É como uma casa construída sobre quatro alicerces, se um deles não estiver bem construído e mantido, toda a casa desmoronará. Da mesma forma, nós também fomos criados por Deus: corpo, alma e espírito, se um deles fraquejar, nos tornamos presas fáceis para o mal, para a depressão, para o ódio. O ataque do espírito maligno, que só quer separar, destruir e matar, começa desestabilizando uma das três partes, e quando mostramos nossas instabilidades e fraquezas, ele ataca impiedosamente.

Você pode até ser ajudado por alguém, nesse momento estenda a sua mão, aceite a ajuda, de preferência profissional, mas ninguém vai te carregar para fora do poço, tem que se mover com suas próprias forças, dar passos no sentido correto que pretende caminhar, e tudo isso só cabe a você. Tenha uma certeza em seu coração: se a sua decisão for pelos caminhos do bem, o próprio bem o acompanhará, se for pelos caminhos do ódio e do mal, o próprio mal que estiver no seu coração te dominará e te destruirá. A decisão é sua.

## ~ Capítulo 7 ~

## *Os ciclos da vida*

O homem foi criado com um objetivo específico: amar. Ele é o fruto do amor de Deus e seu Filho Unigênito, Nosso Senhor Jesus Cristo. Esse amor, representado pelo Espírito Santo, deve refletir em nossas ações, nos cuidados com que tratamos as coisas criadas, as quais recebemos para poder gerar o maior número de bons frutos.

O amor é como uma criança que quer brincar com as outras, e para isso precisa esquecer das suas vontades. Ela aprende observando como as outras brincam, e tenta imitá-las para poder entrar na brincadeira, e para isso esquece a sua própria vontade. A brincadeira tem suas próprias regras.

A mesma coisa acontece com o amor. Para amar verdadeiramente, devemos superar as nossas vontades individuais e buscar o bem comum. Contudo, o cuidado que devemos ter é buscar brincadeiras sadias, aquelas que não firam e não agridam nossos semelhantes. O amor nasce do respeito às diferenças e busca o bem-estar do próximo, sem descartar os próprios valores.

Fomos criados de uma forma tão terna e bela, e para se tornar plena, Deus nos deu liberdade de ação e de decisão, mas ao mesmo tempo continuamos necessitando da Providência Divina, pois a liberdade nos leva a bons e maus pensamentos, e nessa oscilação, precisamos de um bom conselheiro. O nosso Anjo da Guarda fala conosco por meio de nossa consciência, nos reprime quando tendemos para o mal, e nos incentiva a produzirmos bons frutos.

São muitas as fases para chegarmos a um amadurecimento, vivemos uma transformação contínua e dinâmica. Vejamos alguns desses momentos:

- Nascemos totalmente indefesos e se não tivermos um tratamento carinhoso por parte de nossos pais ou cuidadores, perecemos.
- Aprendemos movimentos e linguagem através da imitação, até conseguirmos comunicar nossas vontades por nós mesmos. E quando começamos não paramos mais. No começo tudo é uma

gracinha, cada palavra aprendida, ainda que pronunciada de forma errada, engatinhar já desejando correr. Aprendemos a sorrir quando vemos algo que nos agrada, e a chorar quando estamos com fome ou dor. Aprendemos a brigar quando não queremos comer algo que não nos agrada, mas nossos pais insistem e nos fazem comer assim mesmo, porque nos fazem bem.

- Aprendemos a rezar o Pai-Nosso, Ave-Maria e Santo Anjo e a agradecer pelas graças antes das refeições, e antes de dormir agradecer pelo dia que passou e pedir a proteção da Mãezinha do Céu. Os valores aprendidos até os sete anos de idade, segundo a psicologia, nos marcam para sempre. Quando nos deparamos com qualquer dificuldade, em qualquer tempo ou lugar, esses valores falam alto em nossos corações.

- A nossa estrutura física se desenvolve até aproximadamente os 21 anos de idade, por isso nossos pais insistem que pratiquemos esportes para contribuir nesse desenvolvimento. Hoje vemos as crianças diante de uma tela de um celular, *tablet* ou de um *laptop* por muitas horas, e nenhuma prática de esporte na sua agenda. Pais que terceirizam a sua responsabilidade porque precisam trabalhar para sustentar seu estilo de vida. Existe a necessidade de sobrevivência, mas é preciso haver equilíbrio e bom senso entre o que é suficiente e a ganância. O tempo passa rápido demais, e quando se dá conta, os filhos cresceram e se tornam pessoas estranhas para os pais. A responsabilidade não é uma coisa transferível, principalmente aquela assumida com Deus, de gerar, proteger e educar filhos dentro da boa moral, mostrando o caminho correto. Devemos alimentar nos pequeninos a chama da fé transmitida em seu batismo.

- Em todas as etapas de desenvolvimento dos filhos, os pais devem se mostrar presentes para educá-los, não apenas com palavras, mas sendo modelos de virtude — a educação é em primeiro lugar um exemplo de vida. Uma vez perguntei ao meu pai como deveria agir diante de uma desavença com um amigo, ele me respondeu: "Filho, veja como eu ajo com as pessoas que discordam de mim, e tire suas próprias conclusões". Meu pai, já falecido, sempre foi respeitador e firme em seus valores, tais como Deus, família e honestidade. Ele dizia: "Não existe meio honesto ou meio certo. É certo ou errado! É honesto ou desonesto, não importa o tamanho nem o valor!". Meu pai sempre se mostrou um exemplo de integridade e moral. Um lema ficou cravado no meu coração: "Não faça o que eu digo, faça o que eu faço!".

- Segundo a psicologia, a formação de nossa personalidade se completa aos 30 anos de idade. Porém, nessa idade já fomos obrigados a tomar decisões sobre muitas coisas. A nossa profissão devemos escolher aos 18 anos, idade em que prestamos o vestibular, mas ainda não terminamos de crescer fisicamente. Com a liberalidade de hoje, muitos já se tornaram pais, porém, se foi uma decisão livre e consciente de que o matrimônio não é uma aventura, mas um compromisso assumido entre um homem e uma mulher perante Deus, essa união será abençoada. Assim serão dois jovens que poderão terminar o seu desenvolvimento físico, mental e espiritual, um cuidando do outro num amor sincero e gentil.

- Aos 40 anos de idade, a senescência celular entra em ação, ou seja, o ciclo de vida natural das células da pele é menor, podendo afetar a nossa aparência, e a partir dos 50 anos a função de barreira da nossa pele começa a enfraquecer. Isso mesmo! Começamos com os sinais de envelhecimento do corpo. Normalmente, nessa etapa vem a chamada "crise da meia-idade", quando começamos a questionar se o que já fizemos foi bom e o que pretendemos para o resto de nossa existência. Alguns "entram em parafuso", abandonam tudo que têm (casa, família, trabalho) e se jogam numa nova e completamente diferente vida. São pessoas que não tiveram coragem de buscar e manter os seus valores, ou simplesmente se envergonham do que se tornaram, e partem numa atitude desenfreada para recuperar o tempo perdido. É preciso muita cautela nesse momento, pois a decisão precisa partir do fundo do coração, e não de uma simples vontade de ser diferente. Diz um ditado: "A grama do vizinho é mais verde!". Particularmente, não concordo, foi você que simplesmente não cuidou da sua enquanto o vizinho cuidou da dele. Por isso, não busque a dele, mas cuide da sua, e ela ficará muito mais bonita porque foi você quem plantou e cuidou. A meia-idade é uma fase interessante, pois já estamos envelhecendo mas ainda não completamos o nosso desenvolvimento como um todo.

- Em um estudo publicado no *New England Journal of Medicine*, o diretor da Escola de Medicina da Universidade George Washington afirma que o pico da atividade intelectual humana ocorre por volta dos 70 anos, quando o cérebro começa a funcionar com força total. Anos atrás a expectativa de vida do homem era 70 anos, atualmente no Brasil ela é de 76,6 anos.

Nesse momento, podemos reconhecer com mais clareza os desígnios de Deus para nós. Ele nos criou com corpo, alma e espírito, e tudo está em movimento e em constante desenvolvimento, e as fases parecem não se encontrar. Quando nosso corpo está terminando de se desenvolver, a nossa personalidade está em pleno desenvolvimento, e a nossa mente está somente na metade da sua desenvoltura. Isso tudo nos faz refletir que temos liberdade para decidir sobre nossas ações, enquanto devemos prestar contas delas para alguém. Temos força para agir em prol do desenvolvimento pessoal e comunitário, ao mesmo tempo em que precisamos pesar na balança da vida se respeitamos a moral desejada pelo Criador. Então, não há como deixarmos de lado a gentileza e a boa vontade entre nós, e a gentileza e presteza da vontade de Deus, aquela que deve impulsionar e manter o nosso existir — a Divina Providência.

Um corpo com tempo limitado, que precisa de cuidados para crescer e se desenvolver. Uma mente que também não para de se desenvolver, mesmo com a finitude do corpo. Um espírito que detém valores e que deve manter-se voltado para a luz para que a alma seja iluminada, e essa luz é Jesus. O Senhor da vida que nos deixou o seu Espírito, aquele que renova a vida todas as manhãs, nos dá o ar que respiramos e não vemos, nos dá um Anjo da Guarda para nos cuidar, nos guiar — um amigo inseparável, tanto nas horas boas como nos momentos difíceis. Se entristece nas horas em que nos afastamos de Jesus, mas suporta calado e esperançoso de nos converter para o Senhor, e então se alegra e espalha no céu a boa nova: "O filho pródigo voltou".

Podemos ver que de nada serve a carne: "do pó vieste, ao pó voltarás!". Mas essa mesma carne, no dia do julgamento, será revestida com as vestes brancas, lavadas no sangue do Cordeiro, não porque mereçamos, mas porque é a vontade do Pai, e a vontade do Pai é que todos os que acreditarem no Filho e forem batizados sejam salvos.

Para nos apresentarmos nesse dia com o mínimo de dignidade é preciso nos prepararmos, e devemos ficar atentos com as nossas atitudes de desamor e de pecado. Todos nós pecamos porque somos fracos, por isso, o Senhor nos deixou o Sacramento da Confissão (ou da Reconciliação). Reconhecer-se pecador não é fraqueza, mas humildade, a mesma humildade que o Senhor nos pede: "Em verdade vos digo que, se não vos converterdes e não vos tornardes como as crianças, de modo algum entrareis no Reino dos Céus" (*Mt 18, 3*).

Ouvimos muitas pessoas dizer: "Ele não me ama!", "Ela precisa me amar!". "Não aguento mais este casamento porque o nosso amor acabou!". O amor não é posse, mas sim doação. Não é um sentimento, mas um posicionamento de vida e de atitude. Jesus nos amou até o fim, mesmo diante da traição do seu povo, da negação de Pedro e dos outros que estavam com Ele, exceto sua mãe, que se manteve ao pé da cruz com João. "Pai, perdoai-os, eles não sabem o que fazem!"

A convivência pode até ficar abalada, mas o amor nunca. Nossas dores devem ser colocadas na Cruz do Senhor, pois será nela que encontraremos a nossa redenção. Jesus é encontrado no amor divino sem medidas, não o amor terreno, porque nós estamos aprendendo a amar, e somos teimosos. O amor quebra todas as amarras do egoísmo, da mentira e do ódio. O amor liberta o coração para a doação sem medidas.

O ciclo da vida humana se apresenta como um desafio constante para alcançar coisas maiores e melhores. Quando somos crianças, desafiamos nossos pais na busca de maior espaço, desafiamos os limites impostos, e com o tempo vamos ganhando mais liberdade de ação. Isso persiste durante toda a nossa convivência com os outros, na escola, no trabalho e em todos os lugares e situações. É da natureza humana, se não fosse assim, não haveria desenvolvimento, tanto na sociedade como individualmente. Não existe convivência sem divergência, basta mantermos nossos limites até onde comecem os do próximo, e é aí que começam os conflitos.

Todo debate é saudável, desde que os limites sejam respeitados. Com exceção do que é amoral, não existe certo ou errado, mas opiniões divergentes. Encontrar o consenso é usar de sabedoria, quando ambas as partes cedem, a convivência é mantida. Isso é amar, pois o bem-estar do próximo muitas vezes não se encontra na vontade própria dele, mas naquilo que realmente precisa.

Existem dois posicionamentos de juiz, que devem se manter distintos:

- O julgamento e análise dos fatos e atitudes precisam e devem ser pesados pela moral divina, humana e positiva. Se são benéficos para a sociedade em geral e não ofendem a Deus, devemos defender, mas se pelo contrário ofenderem a vontade de Deus, é nosso dever combatê-las, mas devemos ter cuidado para não transpassar as causas e os efeitos. Por exemplo, se alguém roubou algo, deve pagar pelo prejuízo que causou, tanto para a sociedade como para sua vítima. Esse ladrão cometeu um erro, contudo, devem existir coisas boas em seu caráter. Portanto, nessas condições os juízes devem ser pessoas idôneas, de boa fé e com bom discernimento nas questões de relacionamento humano. O julgamento deverá levar em conta somente a atitude errada.

- Agora, o julgamento das pessoas não pode ocorrer entre nós porque também temos as nossas falhas de caráter, esse julgamento deve ser realizado por alguém que está acima das pessoas. Quantas vezes deixamos de ajudar uma pessoa com necessidades, que pode estar sofrendo um momento de angústia, de privação, e isso não sabemos diante de um simples pedido de ajuda, normalmente temos preconceitos e cremos que seja uma pessoa desocupada. Quando agimos assim também estamos lhe roubando, só que não dinheiro ou objeto, mas a sua dignidade; e ainda cometemos o desvio de caráter do preconceito. É preciso distinguir entre o ato e a pessoa, e isso é difícil, requer um exercício mental, espiritual e moral. Somos todos iguais, só estamos em situações diferentes e em condições diferentes, uns com mais, outros com menos privilégios. O Senhor disse: "Quem dentre vós estiver sem pecado, que seja o primeiro a lhe atirar uma pedra!" (Jo 8, 7). Portanto, o julgamento da pessoa se realiza levando-se em conta o conjunto da sua obra, só pode ser feito pelo seu Criador, um homem não é suficientemente competente para ser juiz do outro.

As fases de nossa vida se interlaçam com as fases de vida dos outros, tempos diferentes e condições diferentes. Essa interação faz com que todos cresçam, desde que haja predominância do respeito. Aí estão a beleza da criação e a sua relação. Os mais jovens aprendem com os mais experientes, os mais experientes revivem a sua caminhada olhando para os mais jovens e oferece apoio para a sua caminhada, tudo está interligado.

Ambos crescem, os mais experientes, mesmo no envelhecimento de seus corpos, as suas mentes atingem maturidade na compreensão das coisas, e isso é chamado de sabedoria, enquanto os jovens, em todo o seu ímpeto e diante do avanço da civilização e da tecnologia, constroem novas coisas para dar mais conforto a ambos, e se mostram sábios se levarem em conta a experiência e a sabedoria dos mais velhos.

O homem e a mulher foram criados para se complementarem. A força com a delicadeza, o objetivo com o subjetivo. A criação foi feita partindo do princípio de que deve haver dois lados, o direito e o esquerdo, o alto e o baixo, e, para que exista um equilíbrio entre um e outro, um coração no meio. Não podemos incluir nessa comparação o bem e o mal, pois não há equilíbrio entre um e outro, mas a decisão de seguir um e renegar o outro; como vimos, não existe o meio certo ou o meio errado, existe somente o certo, e tudo que não está certo é errado.

O amor é a arma mais poderosa que existe na criação. Ele não só intermedia as relações, faz também com que uma pessoa respeite a diferença que a outra tem dela, seja na sua constituição de gênero: humano, vegetal ou mineral, ou entre as diferenças de espécie ou genética. O sábio compreende que essa diferença é somente aparência e deixa o amor responder mais alto nas questões duvidosas.

O amor também ensina que devemos respeitar o interlace dos nossos ciclos de vida, é preciso viver bem a infância para iniciar a adolescência, e assim receber a maturidade do corpo e da mente, no desenvolvimento das virtudes espirituais desejadas pelo Criador.

# ~ Capítulo 8 ~

## O caminho

Nos capítulos anteriores, vimos como nossas mentes e corações podem ceder diante do medo. Reconhecemos que sem coragem não conseguimos enfrentar nossas desilusões e nossas amarguras, e essa falta de coragem é que nos leva à depressão. Reconhecemos que a luz é o ponto de partida e a motivação para sair de qualquer escuridão.

Nos perguntamos constantemente: "Por que Deus nos colocou neste mundo? Será que é somente para sofrer? Será que não existe uma alegria duradoura? Por que os nossos prazeres terminam rapidamente?".

Tomemos como exemplo uma árvore frutífera. Para que ela nasça é preciso que um fruto se decomponha e libere as sementes, e que uma ave ou animal auxilie na distribuição dessas sementes, é assim que a vida brota, da perda e transformação de um ser para o surgimento de outro semelhante, e com o auxílio de algum agente provido pelo Criador. Da mesma forma, por exemplo, para se fabricar um arado, o ferro precisa da ação do homem, ser derretido, e quando estiver em forma líquida, pode-se moldá-lo apropriadamente, e utilizando essa ferramenta revira-se o solo para plantar sementes.

Se vamos crescer, precisamos passar por um estágio de mutação, haverá sofrimento, mas no final colheremos os frutos desejados.

Até mesmo para receber a recompensa da vida eterna, precisamos passar pela morte do corpo e purificação do espírito. Podemos, assim, dizer que a morte é a lei da vida, e a luz é o sentido natural para seguir e sair da escuridão. Na escuridão, as coisas perdem seu valor e seu brilho, porque lá não existe amor, e não é possível enxergar o outro nem a si mesmo, o encontro não acontece e o amor não frutifica.

Para que uma vida possa dar fruto neste mundo, é preciso dar algo de si ao outro, e nessa união acontecerá a fecundação. No gênero humano, essa fecundação acontece com a intervenção do próprio Criador. No ato sexual, o esperma masculino vence a barreira do óvulo feminino, e nesse momento o Espírito Santo sopra e introduz a centelha do Amor

Divino. Então acontece o milagre da vida, um novo filho do Pai Eterno é gerado, para aprender nesta terra o que significa o amor, de onde ele vem e para onde deve seguir.

No Santo Batismo e no Crisma, recebemos a missão de sermos uma luz para o mundo, assim como Cristo é, e sal da terra, dando sabor às nossas atitudes. A felicidade não está contida nos prazeres da vida, porque ela não é encontrada no umbigo, mas no coração, que é o órgão que recebe o sangue cheio de gás carbônico e impurezas, o envia para o pulmão para ser oxigenado, e o devolve aos demais órgãos e membros um sangue novo, revigorando a vida em todo o corpo. As partes unidas e revigoradas é que formam uma felicidade mais duradoura. Por isso, de nada adianta embelezar os braços com joias caras, e não cuidar do coração, pois, estando fraco para bombear o sangue pelas artérias, todos os órgãos perecerão, todos dependem de um, e um de todos.

O mal consiste no afastamento do bem, por isso o mal age na escuridão e precisa dela, para que suas ações não sejam vistas pelos outros. Se o mal fizesse suas obras acontecerem às claras, somente os tolos cairiam em suas armadilhas, e o verdadeiro objetivo do mal não é buscar os tolos, pois estes já lhe pertencem, o mal quer conquistar os que estão na luz. Por meio de uma cortina de mentiras e lisonjeiros falsos, tenta puxá-los para a escuridão. Assim, a pessoa que vive na luz e é atraída para a escuridão, além de se afastar do bem, se perde em si mesma porque não conseguirá produzir bons frutos, suas ações serão frutos de mentiras, como se estivesse "encantada" pela falsa delícia da corrupção, de conquistar e se apoderar do que é do outro. Quando cair em si, e reconhecer que nada disso tem sentido para a sua vida, que não desfruta mais do que realmente tem valor, que suas ações não têm mais o sabor de um fruto fresco e sadio, virá o remorso, a decepção e o arrependimento.

Disse o Senhor Jesus: "Eu sou a luz do mundo. Quem me segue não andará nas trevas, mas terá a luz da vida" (*Jo* 8,12). Quem se esconde da luz se esconde de Jesus. O diabo tenta nos enganar com iluminação falsa, cheia de brilho e neon, mas que não tem durabilidade, pois, a sua bateria é falsificada, e nessa falsidade tenta se passar como o salvador, mas na verdade é ele quem pretende nos jogar na masmorra da tristeza, e assim não conseguirmos mais enxergar a luz verdadeira. Mas se nos mantivermos na luz de Cristo, reconhecemos que o mal não gera coisa boa, enxergaremos com clareza os frutos estragados. Seguir na luz não é só uma opção, mas uma questão de bom senso.

Também disse o Senhor Jesus: "Ninguém pode vir a mim se o Pai, que me enviou, não o atrair; e eu o ressuscitarei no último dia" (Jo 6,44). Se não recebemos a graça da fé, viveremos como cegos neste mundo. Contudo, a Providência Divina nos mostra de várias formas e tempos que Jesus está entre nós, e que o Espírito Santo acompanha a sua santa Igreja até a sua volta definitiva e triunfante, iluminando-a para que o mundo não fique na escuridão promovida pelos anjos rebeldes, liderados por Satanás.

Em nossa caminhada, somos provocados a desviar do caminho correto, e constantemente caímos nas tentações por causa da fraqueza humana. A nossa curiosidade nos induz ao flerte com coisas novas. Podemos ver isso nos instrumentos fabricados para interação, tais como celulares, *tablets* e computadores. Quanto mais lidamos com esses instrumentos, mais queremos aprender e interagir, isso é natural. Aprender coisas novas é bom, mas é preciso moderação, para que isso não se torne um vício.

Tudo aquilo que vicia nossos movimentos e pensamentos, que nos afasta das outras pessoas e coisas boas, é um sinal forte de uma futura depressão, porque nos tornamos dependentes de algo. Hoje, muitas pessoas não se veem sem um celular, ficam totalmente perdidas e desamparadas numa escuridão, se afastaram tanto das outras formas de interagir com a vida que não as reconhecem mais.

Jesus disse: "Eu sou o Caminho, a Verdade e a Vida. Ninguém vem ao Pai a não ser por mim. Se me conheceis, também conhecereis meu Pai" (Jo 14,6-7). Jesus concentra toda a potestade em si. Tudo foi criado por Ele e para Ele. O caminho não é uma trilha, mas uma pessoa, a verdade não é uma opinião, mas uma pessoa, a vida gerada não é uma operação em laboratório, mas produzida por uma pessoa divina.

A fé na pessoa de Jesus deve ser alimentada e crescer no percurso desse caminho. Ele é longo e lento, e perdura por toda a vida. É um caminho iluminado pelo amor, e a cada passo que damos, precisamos pisar com firmeza e na certeza de que não afundaremos nas traições e nos convites do egoísmo e da mentira. Manter-se na trilha proposta por Jesus é seguir o seu mandamento: "Amai-vos uns aos outros como eu vos amei!"

Assim vislumbraremos que a beleza está no percurso e não somente na chegada, e carregaremos as nossas cruzes sem dificuldade, porque encontramos um bom propósito. A cruz não é um castigo, mas um alerta de perigo e oportunidade de melhoria, uma expiação por nossas falhas e de não termos conseguido ajudar os mais necessitados.

Permanecer no amor é se tornar livre, não importando onde e como nos encontramos. Se estamos encarcerados, mas cultivamos o amor, nosso coração iluminará a cela e não teremos medo, nossa alma e nosso espírito estarão livres das amarras da opressão. Também o contrário é verdadeiro, se a mentira, o ódio e o rancor nos dominarem, mesmo se estivermos andando livremente nas ruas estaremos acorrentados e aprisionados.

Para nos mantermos realmente num caminho sadio, o nosso coração deve permanecer cheio de misericórdia e perdão, e esses são os sentimentos maiores para que o amor verdadeiro possa brotar em nós. Será um caminho cheio de alegria plena e com um sentimento verdadeiro de felicidade.

## ~ Capítulo 9 ~

## *O perdão*

Um estado de depressão nos mantém numa escuridão de vida, de ideias e pensamentos. É como permanecer em uma cela de prisão pequena e suja de ressentimentos e mágoas. Nesse estado se formam psicoses que fustigam vingança contra aqueles que nos puseram lá.

Quando se visualiza a porta de saída, ela ainda estará distante, mas é necessário ir em sua direção. Porém, alguns cuidados se devem ter:

- Se sair pela porta e enfrentar a tudo e a todos sem estar preparado, com certeza se machucará. Não porque você não é forte, mas porque está fragilizado. Sua vista está ofuscada pela escuridão de onde se encontrava, e isso lhe deixará indefeso e confuso em muitas situações.

- Em seu livro *Em busca de sentido*[4], o psicanalista Victor E. Frankl afirma que o recém-liberto de um cativeiro volta da guerra de nervos para a paz da alma, contudo, precisa de um tempo de descompressão, assim como os mergulhadores, para se acostumar com a retomada da vida perdida. Esse momento é crucial para não se perder na busca de compensação, disfarçada de justiça, mas na verdade não passa de vingança.

- Esse momento precisa acontecer durante a caminhada para a luz, como se fosse uma antessala em nossa mente. Revisar os momentos mais difíceis vividos no cativeiro, mas principalmente segurar com força as chaves encontradas para a libertação.

- Com essa motivação, você estará pronto para começar uma nova vida. Sim, uma nova vida. Nunca será a mesma que você tinha, e acredito que seja melhor, pois a vida que você mantinha foi que te levou ao cativeiro.

---

[4] FRANKL, V. E. **Em busca de sentido**. Petrópolis: Editora Vozes, 2013. p. 116.

- Reavalie suas amizades, se eram sinceras e construtivas, retome-as. Se o ambiente era bom e saudável, volte. Não volte para os mesmos vícios psíquicos e físicos que te derrubaram, que fizeram da sua vida um inferno.

- Não fuja de você mesmo, assuma-se como você realmente é, a necessidade de acompanhar os outros te indicaram um caminho falso e perigoso, você deixou de ser você e isso te destruiu. Que esse tempo de despressurização seja um reencontro com você mesmo, agora na paz com aquilo que acredita e dá valor. Escute a sua consciência, pois ela está a muito tempo lhe pedindo para voltar ao lado do bem. A conversão não é somente uma opção, mas será a sua salvação.

- Tenha coragem de dar um passo de cada vez. Lembre-se do ditado: "A pressa é inimiga da perfeição". Você estava num cativeiro, não podia andar, muito menos correr. Vida nova, caminhada nova. Lembre-se para onde a pressa te levou.

## *Descompressão*

O caminho que te levou ao cativeiro foi o ódio, a mágoa, o rancor e a inveja. Esse caminho levou à destruição.

O caminho que te levará à saída dessa destruição é o amor. Foi nesse sentimento que foram encontradas as chaves para se libertar dessa opressão. E para que essas chaves não se quebrem, nem seu coração mingue, você deve aprender a praticar o processo mais bonito e mais gratificante que o gênero humano pode desenvolver: O PERDÃO.

Momentos bons, pessoas que amamos, lugares que queremos rever ou visitar, e esses momentos são os que devem iluminar o nosso caminho de volta. Essa antessala deve ser montada com mobília bonita e agradável, e deixar no cativeiro a mobília feia e suja.

O perdão é um processo que começa na disposição de esquecer as ofensas recebidas, todas aquelas que ensinaram o caminho do cativeiro.

O primeiro passo é se perdoar. Você precisa reconhecer que tem fraquezas, e que elas lhe deixam suscetível à abordagem de pessoas e situações que podem te machucar. Diga a si mesmo: "Não sou um inútil, mas tenho fraquezas". Lembre-se: a fraqueza derruba, o vencedor tem coragem de se levantar, assim como você teve coragem e saiu do cativeiro. Lembre-se ainda que o campeão se mostra na derrota, na força para se levantar!

Como você estava em um lugar sujo, o seu coração continua sujo. Quantas ofensas tem cometido, quantos atos refletiram em você, tais como a injustiça, a raiva, e tantos outros. Quantas pessoas você acabou ofendendo, magoando. Então, busque no amor de Deus a limpeza de seu coração. Um sacerdote confessor terá o maior prazer em lhe ajudar nesse momento, desde que o seu arrependimento seja sincero, como também a intenção de não cometer mais esses erros. O poder de perdoar os pecados foi dado por Jesus aos seus Apóstolos, e assim a vida pode se renovar em você. Não deixe que tudo isso fique corroendo seu coração, liberte-se.

Mantenha-se perto da luz para que seu caminho fique iluminado. Saiba que essa luz é Jesus. Busque a proximidade dos Sacramentos, que são sinais visíveis do Senhor em nossas vidas, e isso lhe fortalecerá.

O segundo passo é perdoar a todos que te magoaram. Sejam pessoas, sejam empresas, sejam governantes, enfim, tudo aquilo que te machucou. Essa corrente que te segura no cativeiro, o ressentimento e a mágoa são os elos que te aprisionam. Aquilo que fizeram contra você é uma dívida que será cobrada, seja na justiça dos homens, seja na justiça divina, contudo, a dívida é deles, e se mantiver o vínculo pelo ódio, também receberá parte da cobrança.

Por isso, perdoar é se libertar desse ciclo que, como vimos, só destrói. E se queremos uma nova vida, precisamos sair dele. Jesus disse: "Se perdoardes aos homens os seus delitos, também vosso Pai Celeste vos perdoará, mas se não perdoardes aos homens, vosso Pai também não perdoará vossos delitos" (Mt 6,14-15). Vemos que não se trata mais de uma simples oportunidade, mas uma necessidade para o bem maior.

Não se esqueça de que Deus te criou à Sua imagem e semelhança, e concedeu-lhe corpo, alma e espírito, e essas partes compõem um todo em você. Se você foge de algo que magoou o teu corpo, também magoou o teu espírito e tua alma, e vice-versa. Mas também, se teu espírito está ferido pela depressão, também teu corpo e tua alma sofrem, contudo, a tua alma poderá ser a chave da libertação desse cativeiro.

Deus é maior e te ama incondicionalmente, então peça para Ele apoio e refúgio. Peça à Virgem Santíssima, assim como ela libertou Santa Teresinha do Menino Jesus das amarras da depressão profunda em que se encontrava, também poderá olhar por você. Acredite e ore para isso, e somente alguém com o coração limpo pode receber a Graça que vem do Espírito Santo.

Essa é a chave de ouro que você precisa encontrar. O perdão não apaga o passado, mas possibilita um futuro. E lembre-se sempre de que odiar alguém é como ingerir veneno esperando que a outra pessoa morra.

O perdão e a conversão se juntam num sentimento e atitude de reconciliação com Deus através do nosso irmão. Essa reconciliação precisa preceder nossas ações, assim como um pré-julgamento que colocamos numa balança, de um lado o bem que poderá vir e o mal que poderá refletir. Se a nossa consciência se levantar contra nossa decisão, é porque aprendemos a ouvir o nosso Anjo da Guarda, que é voz de Deus em nossos corações a nos dizer: "De tua boca saiam palavras de amor e esperança, de tuas mãos gestos concretos de compaixão ao próximo, e que teus pés te conduzam ao encontro com o teu irmão, porque você o perdoou, e com o perdão concedido, você foi também perdoado".

# ~ Capítulo 10 ~

## O mecanismo da fé

Em um dos programas em seu canal no YouTube, Padre Paulo Ricardo nos mostra com muita clareza como funciona o mecanismo da fé em nossas vidas. O dom da fé é algo gratuito, dado por Deus àqueles que ele lhe convém. Não se trata de uma escolha nossa ou vontade de um ser humano, mas sim da Vontade do Pai.

Vejamos como funciona:

Para que uma coisa física possa ser vista, são necessários três elementos: os olhos, a coisa a ser vista em si e a luz. Sem um desses três elementos não há possibilidade física de algo ser visto, pode apenas ser imaginado.

O mesmo acontece com o nosso ato de fé: nós precisamos ter algo concreto para ser visto, e tem que ser divino — Jesus! Ele é Deus que se fez homem e, portanto, pode ser visto. Seus contemporâneos de Nazaré e os judeus não enxergaram nada de divino nele porque estavam acostumados somente com as coisas deste mundo. Este é o primeiro alerta: Será que não estamos banalizando tudo, a moral divina, o que é sagrado, a própria vontade de Deus, que não conseguimos mais enxergá-lo?

O outro elemento é a luz. Jesus é a própria Luz que emana do Céu e para enxergá-lo é preciso o "olhar da fé". Qual é a diferença entre o olhar humano e o olhar da fé?

Tomemos como exemplo as luzes infravermelha e ultravioleta. As duas não podem ser vistas a olho nu por seres humanos; para tanto se torna necessário o uso de óculos especiais, pois nossos olhos não estão preparados para identificar essas frequências da luz. Se recebêssemos esse dom, conseguiríamos enxergar no escuro, assim como certos animais, mas a vontade do criador foi de não habilitar o homem com esse dom.

Como vimos, é Deus quem escolhe a quem conceder o "olhar da fé". Assim disse Jesus: "Eu te louvo, ó, Pai, Senhor do céu e da terra, porque ocultaste estas coisas aos sábios e doutores e as revelaste aos pequeninos. Sim Pai, porque assim foi do teu agrado" (*Mt* 11, 25-26).

A fé é dada gratuitamente aos humildes de coração, para que assim possam enxergar Jesus como Deus, e compreendê-lo. Ele é a própria Palavra de Deus, é o próprio Deus feito carne.

São Padre Pio de Pietrelcina era constantemente questionado por fiéis de como ele conseguia ver Nosso Senhor Jesus e a Virgem Santíssima, quando recitava o terço, ou quando o Senhor se transubstanciava na hóstia consagrada, enfim, em quase todas as horas do seu dia. Ele respondia com espanto: "Mas você não consegue ver?".

Quando recebemos de Deus os "óculos" para reconhecermos as coisas divinas, devemos cuidar bem deles. Recebemos no Santo Batismo a chama da fé, que começa a fumegar em nossos corações e cabe a nós mantê-la acesa. Pode até acontecer antes, como acontece em muitas denominações religiosas hoje em dia, mas uma só é a Igreja constituída por Jesus, aquela que é para todos, ou seja, católica, e alicerçada nos Apóstolos — apostólica. A graça salvífica consiste em duas coisas:

> Finalmente, ele se manifestou aos Onze, quando estava à mesa, e censurou-lhes a incredulidade e a dureza de coração, porque não haviam dado crédito aos que o tinham visto ressuscitado. E disse-lhes: 'Ide por todo o mundo, proclamai o Evangelho a toda criatura. Aquele que crer e for batizado será salvo; o que não crer será condenado' (*Mc* 16, 14-16).

Com o tempo, a nossa visão de fé vai se ofuscando com as coisas que vemos neste mundo, como injustiças, maldades, ódio e destruição. Por isso, o Senhor nos deixou a Sua Santa Igreja, para cuidar e administrar os Santos Sacramentos, que nos unem a Deus e aos irmãos por meio do Corpo de Cristo, que é a Sua própria Igreja.

> Com efeito, o corpo é um e, não obstante, tem muitos membros, mas todos os membros do corpo, apesar de serem muitos, formam um só corpo. Assim também acontece com Cristo. Pois fomos todos batizados num só Espírito para ser um só corpo, judeus e gregos, escravos e livres, e todos bebemos de um só Espírito (*I Cor* 12:12-13).

Quando nos descuidamos de nossa fé, sujamos a lente dos óculos da fé, a riscamos e até a quebramos. Em nossas tribulações, na hora do desespero, buscamos em todos os lugares o Senhor, e muitos se esquecem do Amor de Deus. Por amor ele nos deixou a Santa Igreja, Ele é fiel, não instituiu várias formas de encontrá-lo, mas entregou as chaves que ligam as coisas da terra ao céu, ligando-nos com a sua Moral, e entregou-a aos cuidados dos Apóstolos e seus sucessores, pois assim foi a vontade do Pai.

Quanto tempo nos dedicamos à oração em nosso dia a dia? A oração deve ser um momento íntimo de cada um com Deus, falar e saber ouvir o que Ele deseja de nós. Existem tantos barulhos que dificultam uma boa conversa, e deixamos de lado esse diálogo tão importante e crucial para balizar o nosso agir e pensar, e assim sermos escolhidos para receber a graça da fé.

### Oração:

Senhor, te louvo e bendigo teu Santo Nome! Agradeço por ter-me escolhido para fazer parte daqueles que Vós quereis apresentar ao Seu Filho e Senhor nosso, Jesus, no qual deposito toda a minha confiança. Acredito e aceito a Sua Palavra Viva, que só ao pensar em Jesus, minha alma arde de alegria, meu coração palpita e espera o grande encontro programado por ti, ó, Pai!

Dá-me uma visão da fé pura para que eu possa reconhecer o seu amor, em todo aquele que predispuseste a interagir comigo. Que eu possa amar a todos, amigos e inimigos, com toda a intensidade do meu coração. Que eu seja um canal verdadeiro da Vossa Graça por onde passar, e que realmente eu seja um espelho do Vosso Amor! Te peço, ó, Pai, por Nosso Senhor Jesus Cristo, filho vosso, e que convosco vive e reina na unidade com o Espírito Santo, que também é Deus e Senhor da Vida.

Amém.

# ~ Capítulo 11 ~

## Os sinais de Deus em nossas vidas

Vamos fazer uma retrospectiva da vida de um homem e avaliar momentos difíceis, seus pedidos e as respostas dadas por Deus.

No início dos anos 1960, mais precisamente em 1961, aos 2 anos de idade, ele sofreu de pleurisia, doença sem expectativa de sobrevivência na época. Os médicos constataram que havia menos de 10% de capacidade de respiração, o diafragma não respondia mais, e sugeriram aos pais que providenciassem os ritos para o funeral da criança, pois a morte era certa. A mãe não aceitou o diagnóstico, e entregou às mãos da Virgem Santíssima a sorte do menino. Quando seguia para a sala de cirurgia para os procedimentos de tentativa de drenagem, sem nenhuma explicação médica, a criança voltou a respirar normalmente e o líquido que aparecia nos exames anteriores de raio X não estava mais nos pulmões. O tempo passou, o garoto cresceu saudável, com cicatrizes nos pulmões, mas sempre manteve uma certa intimidade com Nossa Senhora.

As coisas de Deus sempre o atraíram, não optou pelo sacerdócio por sentir o chamado do serviço como pai de família e esposo. Casou-se e criou três filhos com sua bela esposa. Participou de pastorais na igreja e educou seus filhos na fé católica, cumprindo o compromisso assumido perante Deus no Sacramento do Matrimônio.

No trabalho, buscou sempre a justiça, e mesmo diante de várias propostas para corrupção, manteve-se firme na honestidade e nos valores morais cristãos. Por causa disso, foi assediado moralmente por pessoas inescrupulosas para que fosse desligado do seu emprego, pois era concursado numa das maiores empresas estatais brasileiras, conquistado por meio de concurso público, no qual passou em sexto lugar. Enfrentou esse desafio por 12 anos seguidos, e nessa batalha inglória nunca deixou de lado seus valores. Afastado dos demais colegas durante o assédio, saía para almoçar sozinho, e ao retornar para sua mesa na repartição, rezava o terço pedindo a proteção e colo da querida mãezinha do céu.

Aposentou-se por tempo de serviço, mas antes de sair recebeu um pedido formal de desculpas da presidência da empresa, que comprovou o assédio, pois mesmo sendo submetido a duras provações, manteve-se firme e com conduta ilibada, mas as marcas do assédio ficaram cravadas em seu coração, assim como as marcas deixadas pela pleurisia em seus pulmões.

Isso o motivou a trabalhar com mais afinco junto a pessoas que sofrem problemas emocionais e psíquicos, mas principalmente os perseguidos por inescrupulosos. Tinha formação na área em que atuava e sentiu necessidade de compreender melhor a vontade de Deus para com a humanidade, então especializou-se em Teologia e Aconselhamento. Pediu à Virgem Santíssima que o acompanhasse nesse projeto.

Logo após a concessão da aposentadoria, recitava o Santo Rosário todos os dias enquanto caminhava em um parque da cidade, afinal é preciso manter a saúde física, moral e espiritual em dia. Num desses dias, recebeu uma visão, como que uma resposta aos mistérios em que meditava durante a caminhada: todas as pessoas, sem exceção, se transformaram em feixes de uma luz branca, no mais branco que se possa imaginar. Essa visão permaneceu durante a recitação do rosário. Seu coração ardia como que numa unidade de amor por todos, e depois que a visão cessou, as pessoas voltaram às suas formas humanas normais, mas seu coração continuava ardendo de felicidade e amor, como que perguntando: "o que posso fazer por ti, meu irmão, minha irmã?".

Assumiu, com sua esposa, o aconselhamento para casais com problemas conjugais e pessoas com problemas psíquicos e morais, atuando na Pastoral da Misericórdia.

Logo começou a sofrer muitas dores abdominais, e como realizava exames periódicos regulares, procurou médicos especialistas na busca de um diagnóstico. Nada foi encontrado, passaram-se seis meses e as dores aumentavam, até que um dos médicos resolveu ir mais além dos exames e encontrou um tumor em uma localização rara, indicando cirurgia imediata. Teve diagnóstico de câncer em estágio três, mas devido à localização de difícil acesso, estava em estágio avançado. O médico deu uma probabilidade de sucesso em torno de 10% de sobrevivência.

Ora, esses 10% de sobrevivência vêm lhe perseguindo ao longo de sua vida. Respondeu ao médico: "Eu tenho 100% de sobrevivência ou 100% de ida para junto da mãezinha do céu, e ela, com certeza me entregará aos cuidados de seu filho Jesus". O médico ficou espantado com a serenidade no recebimento da notícia, pois era um dos mais renomados cirurgiões daquela especialidade, e o desespero sempre se mostrava evidente em todos os pacientes. Mas para aquele homem, viu-se uma certa confiança que ele tinha em Nossa Senhora.

Ele reafirmou: "Nem eu nem você temos o percentual exato, pois para Deus tudo é possível!"

Realizou-se a operação, que durou muito mais tempo que o previsto, pois ao abrir-se o abdômen, constatou-se que o tumor era enorme. Saiu da cirurgia e foi para a unidade de terapia intensiva (UTI) em estado paliativo. Ele recebia a visita somente dos familiares mais íntimos, porém, relatava que quando as dores ficavam insuportáveis, retirava a mão para fora das cobertas e a estendia ao lado da cama, e sentia forte perfume de rosas e alguém com mãos macias que lhe segurava a mão e dizia: "Você vai melhorar!".

Voltou para casa após 40 dias de internação, teve que reaprender a comer e a andar. Foram meses de recuperação difícil, não só para ele, mas também para sua família. Apesar das dificuldades, sentia-se uma união mais forte em torno dos familiares para manter os cuidados com o patriarca.

Após seis meses começaram sangramentos, e foi diagnosticado um infarto no intestino. Foi internado novamente com situação paliativa. Como que por milagre, o sangramento cessou e ele retornou para casa e à sua vida cotidiana, porém viu-se obrigado a afastar-se das atividades que desempenhava na igreja.

Passaram mais quatro meses, e em exame de rotina e acompanhamento constatou-se uma recidiva, e foi indicada quimioterapia. Após a realização da primeira sessão, precisou ser internado com urgência, pois não conseguia respirar. As mucosas desde a garganta até os intestinos ficaram queimadas, como resultado de alergia severa à quimioterapia. A médica oncologista veio mostrar que não havia mais tratamento convencional, pois o único tratamento disponível no país era esse.

Os familiares buscaram novas alternativas, e uma nova oncologista foi consultada. Ela buscou tratamentos fora do país, e havia indicação de imunoterapia, que ainda não era indicada para o caso, mas ela gostaria de tentar. Essa alternativa foi aceita pela família, e novamente a situação foi colocada nas mãos da mãezinha do céu. Ele disse: "Se houver um propósito para mim aqui, o tratamento terá bom resultado, se não, estarei em boas mãos".

No entanto, o tratamento não podia se iniciar, pois não fora autorizado pelo convênio médico, assim uma disputa jurídica teve início, pois como o medicamento não constava na bula e era caro, a Agência Nacional de Vigilância Sanitária (Anvisa) não reconhecia o tratamento. Porém, o judiciário, tanto na primeira instância como na segunda, foi unânime: "Quem indica o tratamento é o médico, não o convênio". O medicamento era reconhecido pela Anvisa, só não constava na bula, afinal, esse tipo de câncer era raro. O tratamento foi autorizado e foi bem-sucedido, na verdade foi tão bem-sucedido que se passaram quatro anos e a médica constatou que a Anvisa determinou que passasse a constar na bula devido ao sucesso do tratamento então realizado.

Contudo, em novos exames de rotina, constatou-se metástase. Os dois pulmões foram afetados, passando de estágio 3 para estágio 4. Foi decidido que não se faria mudança no tratamento porque a medicação era indicada também para câncer pulmonar. A decisão foi acertada, pois a imunoterapia tem reduzido o tamanho dos tumores e não tem afetado a sua vida cotidiana.

Inclusive, ele voltou a desempenhar suas atividades na igreja, agora se dispondo a intensificar toda a ajuda que possa dar, tanto em aconselhamento, como direcionamento na vida daqueles que o procurarem ou necessitarem.

Passados três anos do início do tratamento, o médico que realizou a cirurgia convocou a família para uma conversa. Mostrou-se espantado em vê-lo tão saudável, e desabafou com o paciente: "Quando você me perguntou quanto tempo de vida tinha, eu me neguei a dizer para não o desencorajar. Hoje posso responder: você é o primeiro paciente que sobreviveu mais de quatro meses após uma operação do porte da sua".

Hoje, após mais de 70 sessões de imunoterapia, a oncologista afirmou:

— Você é o exemplo de superação que uso para encorajar os meus outros pacientes. A sua vontade de viver é contagiante. Eu sou judia, mas sua fé em Maria me espanta. A medicina hoje não explica sua recuperação, pois sua digestão não é espontânea. Como pode funcionar sem produção de enzimas digestivas por mais de cinco anos? Você é realmente um milagre, pois suas dores e desconforto devem ser muito fortes. Seus exames demonstram uma involução do câncer e seus exames laboratoriais de sangue são aqueles de uma pessoa saudável como de um jovem de 20 anos.

Ele respondeu:

— As minhas dores são uma benção para as almas do purgatório e para a minha purificação! Só peço à Imaculada Conceição que me ajude a suportá-las, mas às vezes preciso me isolar um pouquinho, para não chatear a minha esposa, que já está fragilizada.

O milagre é a visão do homem para as manifestações de Deus. Para Deus tudo é possível, é mais um sinal do seu amor e de sua misericórdia para aqueles que obedecem à Sua vontade. Os sinais de Deus na vida desse homem são fortes e evidentes. Os pedidos que ele fez à Imaculada Conceição são respondidos pelo céu, não para atender a sua vontade pessoal, mas para a construção do Reino de Deus.

Quantas vezes ele deve ter se encontrado com suas lágrimas; quantas vezes deve ter batido o desespero em seu coração, mas podemos ver que ele buscou apoio na família e na sua fé. Quantas lágrimas a sua esposa e seus filhos devem ter derramado, mas foi na atitude e coragem de cada um que foi construído um caminho para não se manter no poço escuro. Foi na oração que alimentou a sua fé, e sua fé que mostrou o caminho e o manteve longe da depressão. Manteve-se em movimento, deixando a inércia de lado. Quando paramos, começamos a regredir, o movimento nos mantém vivos e produtivos. Não nascemos para ficar parados. Daí podemos reconhecer a ação do mal, ele quer nos manter parados para nos atacar em nossa própria falta de motivação para viver.

As provações que temos neste mundo estão sempre relacionadas com um bem maior. Ele pediu proteção e recebeu muito mais que uma defesa diante de um perigo. Recebeu força e determinação para enfrentar a tentativa de destruição de seus valores, tanto no assédio moral, quanto na saúde do corpo. Os valores da fé lhe darão a certeza de que combateu o bom combate, e que a vitória não é só a vida do corpo que é passageira, mas a vida da alma que é eterna.

A missão nos é dada, mas muitas vezes não a compreendemos porque desejamos que ela venha por escrito e em pormenores. Mas não é assim, a missão nos oferece a largada e indica o caminho, e durante a caminhada você encontrará pedras que precisarão ser retiradas para desviar ou para serem transpostas, buracos para tropeçar e serpentes que tentarão te picar, em outras palavras, é o mal tentando eliminar o bem. Resista, a recompensa estará te esperando na linha de chegada.

A vida é um dom que Deus concede a cada um de nós por sua livre vontade. É o bem mais precioso dado ao homem, então não somos donos de nossas vidas. O Senhor que nos dotou da vida pode e tem o direito de tirá-la quando lhe convier. Reconhecer-se devedor não é menosprezar sua condição humana, mas compreender que se faz parte de um todo. A criação vive harmoniosamente quando é respeitada por todos que a compõe.

Colocar-se no seu devido lugar é elevar-se na sua pequenez, enaltecendo o valor do próximo, pois sem ele nada poderá fazer, mas valorizará o amor verdadeiro para produzir bons frutos, sem ofender nenhuma das partes envolvidas. Quando isso acontece, a sabedoria encontra espaço para iluminar as diferenças, dando ênfase ao respeito.

Quando acreditamos que estamos perdendo alguma coisa em nossas vidas, seja algo material, uma pessoa querida que partiu, a saúde que se esvaiu, pare e respire fundo, olhe para dentro de seu coração. Agradeça a Deus por mais um dia que passou, todos os dias, e poderá ouvir a voz do seu Anjo da Guarda dizer:

> Olha quantas dádivas, quantas graças o Senhor colocou à tua disposição, seja nesta ou na próxima vida. Sorria, porque o Caminho para o Pai passa pela cruz do seu filho Jesus. Amanhã será um novo dia, e será melhor porque você aceitou a vontade do Pai, que está no céu.

No tempo do rei Acab, Jezabel procurava Elias para matá-lo, o que já havia feito com todos os outros profetas do Senhor. Então Elias refugiou-se no monte Horeb e pediu a Deus que lhe tirasse a vida para não ser morto pela espada.

> Lá ele entrou na gruta, onde passou a noite. E foi-lhe dirigida a palavra de Deus nestes termos: 'Que fazes aqui Elias?' Ele respondeu: 'Eu me consumo de ardente zelo por Deus dos Exércitos, porque os israelitas abandonaram tua aliança, derrubaram teus altares, e mataram teus profetas à espada. Fiquei somente eu e procuram tirar-me a vida'. E Deus disse: 'Sai e fica na montanha diante de Deus'. E eis que Deus passou. Um grande e impetuoso furacão fendia as montanhas e quebrava os rochedos diante de Deus, mas Deus não estava no furacão; e depois do furacão houve um terremoto, mas Deus não estava no terremoto; e depois do terremoto um fogo, mas Deus não estava no fogo; e depois do fogo, o ruído de uma leve brisa. Quando Elias o

> ouviu, cobriu o rosto com o manto, saiu e pôs-se à entrada da gruta. Então, veio-lhe uma voz, que disse: 'Que fazes aqui, Elias?' Ele respondeu a mesma coisa que havia dito antes. Então Deus lhe disse: 'Vai, retoma teu caminho na direção do deserto de Damasco. Irás ungir Hazael como rei de Aram. Ungirás Jeú, filho de Namsi, como rei de Israel, e ungirás Eliseu, filho de Safat, de Abel-Meúla, como profeta em teu lugar' (*1 Reis,* 19,1-16).

Quantas vezes nos desesperamos diante de obstáculos difíceis de transpor, nos sentimos sozinhos e desamparados, e nos perguntamos: "Onde está Deus que não vem em meu socorro?" Ora, será que é Deus que não nos enxerga mais, ou nós que fechamos os nossos olhos para Ele, e nos voltamos para as coisas deste mundo?

Deus está nas pequenas coisas que acontecem no nosso dia a dia, num "bom dia" recebido no elevador do prédio em que moramos ou trabalhamos, no sorriso dos familiares que se juntam no café da manhã ou no jantar, na oração do terço em família, na Santa Missa, no confessionário, na unção dos enfermos, no abraço e no beijo da mamãe com o papai, no afago dos filhos, na benção dos pais. Enfim, Deus está sempre conosco quando praticamos o bem no amor e na compaixão, e se estamos perto d'Ele, Ele ouvirá nossas preces, e não será preciso gritar, mas dizer ao pé do ouvido: "Senhor, me ajude!". Ele sempre responderá: "Eu lhe concederei tudo que precisar, e ainda mais se estiveres comigo". E se perdemos nossas forças até para caminhar, mas permanecemos perto de Jesus, sentiremos que não paramos em nossa caminhada. Olhemos para o chão e veremos somente duas pernas que se movimentam e tocam o chão — é porque Jesus está nos carregando no colo.

O nosso amigo da história agradece a Deus por todas essas situações, pois são demonstração da Sua Misericórdia.

*Oremos:*

Senhor, tu me queres mais perto de Ti, então tenho que me esforçar mais e mais para isso. A dor me fortalece, se caio me levanto. Me queres assim como sou, frágil e indefeso, mas firme na fé! Obrigado mãezinha por me acompanhar nessa estrada e me estender suas lindas e doces mãozinhas, porque sei que me conduz ao seu filho Jesus, meu Salvador!

## ~ Capítulo 12 ~

## A misericórdia

A palavra "misericórdia" tem origem latina, é formada pela junção de *miserere* (ter compaixão), e *cordis* (coração). Ter compaixão do coração, o que significa ter capacidade de sentir no coração aquilo que a outra pessoa sente, aproximar seus sentimentos do outro e ser solidário.

Sendo assim, não podemos falar de misericórdia sem antes estender o nosso olhar para as coisas do alto.

O Altíssimo é puro amor, e o amor se mostra na aceitação do outro. Aceitar o outro não quer dizer aceitar as suas ações, pois elas são reflexo daquilo que cada um carrega em seu coração, e como vimos, a natureza do homem está impregnada de concupiscência, algo que tende para o mal, para o egoísmo, e uma das principais motivações é a falta de discernimento das vontades que se formam, e por vezes se polarizam na mente humana devido à curiosidade.

A curiosidade tem duas faces antagônicas. Uma voltada para o bem, que leva o homem à busca do novo, faz experimentar movimentos e atitudes que possam melhorar o enfrentamento de adversidades, simplificando e auxiliando no dia a dia. Esse tipo de curiosidade traz benefícios para a sociedade como um todo, são elas as invenções, novas ferramentas, descobrem curas para doenças, novos medicamentos, indicam procedimentos mais seguros, e assim por diante. Nós não teríamos chegado onde estamos sem a curiosidade posta em prática por mentes célebres como Leonardo da Vinci, Michelangelo, Albert Einsten, Santos Dumont, Henry Ford, Santo Agostinho, Johannes Gutenberg (imprensa), Alexander Fleming (penicilina), Lloyd John Old (imunoterapia), e tantos outros.

A outra face da curiosidade é bisbilhotar sobre o que o outro faz e o que tem, sem dar a ele, que é dono da ideia ou da coisa em si, o respeito da propriedade intelectual ou física. Essa atitude gera inveja, corrupção, apropriação indébita, e provoca contendas, fofoca e maledicência. Isso vem mostrar que nada nasce grande, tudo vem do que é cultivado no coração de cada um, originando sentimentos maus e perversos que levam o homem a pecar.

Segundo o *Catecismo da Igreja Católica* (CIC 1849), o pecado é uma falta contra a razão, a verdade, a consciência reta; uma falta de amor verdadeiro para com Deus e para com o próximo, por causa do apego perverso a certos bens. Fere a natureza do homem e ofende a solidariedade humana. O pecado é uma ofensa a Deus: "Pequei contra ti, contra ti somente; pratiquei o que é mau aos teus olhos" (*Sl* 51,6).

Por essa conduta, o homem deixa de lado a amizade com o Criador que, por sua bondade, nos procura para reconciliação. A misericórdia se mostra no perdão que vem de Deus, como também aquela que está relacionada com a solidariedade humana.

O perdão acende uma luz que liberta e reluz em todas as direções. O perdão começa do alto, pois vem de Deus, de dentro de nós, pois essa luz reflete num coração arrependido, e assim conseguimos irradiar ao próximo, pelo perdão, esse amor verdadeiro que veio do alto. O perdão é como um colírio que limpa a sujeira do pecado que nos turva a visão, e agora com nosso olhar límpido, enxergaremos o próximo — não como gostaríamos que ele fosse, mas como ele é de verdade.

Os nossos instintos nos fazem reagir de forma instantânea diante de uma ameaça física, assim como acontece a todos os animais: fugimos quando nos sentimos incapazes de reagir, ou enfrentamos quando acreditamos poder subjugá-la. A mesma coisa acontece quando somos provocados ou ameaçados em nossa moral por pessoas ou acontecimentos que ferem a nossa consciência. Nesses casos, devemos ouvir a voz de nosso coração. Se não estivermos conectados com o Criador, fluirão ódio, rancor e vingança. Sentimentos e ações desejadas pelo maligno, que só destroem o caráter humano. Contudo, se estivermos sintonizados com o Criador, só resta um fruto a ser colhido: a misericórdia.

O olhar misericordioso não se restringe a um simples efeito ou reação diante de uma ameaça, mas deve ser uma postura constante do coração cristão, de alguém que é apaixonado por Jesus, pois Ele é a própria misericórdia. Sim, a misericórdia é uma pessoa.

Como afirma São Paulo: "Onde abundou o pecado, superabundou a graça" (*Rm* 5, 20), mas para que ela possa realizar o seu trabalho, precisamos buscar a conversão em nossas atitudes. Quando ofendemos a Deus, devemos pedir-lhe perdão e procurar não agir mais como havíamos feito.

É preciso desenvolver um sentimento de compaixão, primeiro por nós mesmos, reconhecermos que somos pecadores, e que somos influenciados pelas belezas das coisas desse mundo, e por muitas vezes nos tornamos perversos com o próximo, com medo de que ele nos tire o que conquistamos. Depois, deixar que essa compaixão se estenda ao próximo, não somente porque desejamos nos libertar do peso do pecado, mas porque a compaixão deve se enraizar no coração cristão. Todo discípulo segue os passos de seu mestre, e é nesse momento que devemos medir nossa decisão: "Será que Jesus agiria assim?". Se a resposta for sim, então devemos seguir adiante.

Se continuarmos no pecado, ele se tornará vício, e com ele nos afastamos cada vez mais do bem, e então, a depressão e o cativeiro terão amplo campo de ação em nossa mente.

Assim disse o Senhor aos seus discípulos: "O olho é a lâmpada do corpo. Se o teu olho é sadio, todo o teu corpo ficará iluminado. Se o teu olho está doente, todo o teu corpo ficará na escuridão. Ora, se a luz que existe em ti é escuridão, como será grande a escuridão" (Mt 6,22-23).

A misericórdia não é material, é uma conversão constante na busca do bem, e para que isso ocorra, é preciso abrir-se para a verdade, é deixar a luz do céu entrar, é encher-se com a alegria divina e deixar-se irradiar, por meio das nossas palavras e gestos repletos de compaixão, a todos aqueles que Deus nos enviar, não só na família, mas também os que encontrarmos em nossa caminhada terrena, pois tudo isso faz parte da vontade de Deus.

Olho por olho, dente por dente e cobrança de dívida são vontades humanas que buscam a reparação de qualquer dano ou perda que alguém nos tenha causado. A misericórdia e a compaixão são as atitudes esperadas pelo Pai que está no céu. Para o homem é difícil enxergar pela lente de Deus, porque nossa visão é ofuscada e com campo limitado de alcance. Quando somos ofendidos e buscamos a reparação, já ficamos justificados. Quando somos ofendidos e agimos com misericórdia, a justificação será eterna e crescerá a cada momento ao nosso redor, porque a recompensa será o amor.

Precisamos dar oportunidade para que Deus opere em nós, de encher-nos de graça, assim como fez com a Virgem Maria. "Ave cheia de graça, o Senhor está contigo!" A Virgem Santíssima é cheia de graça porque seu coração está cheio de compaixão, e ela não tem outra coisa que refletir senão a misericórdia de Deus. A Mãe da Misericórdia, a Mãe de Jesus, apesar de ver todas as coisas ruins que acontecem neste mundo, não se deixa ofuscar, ao contrário, procura irradiar mais e mais a luz do amor que sai de seu doce olhar. Além do seu olhar, também saiu de seu ventre a luz do Pai que está no céu, o puro amor passou por todo o seu ser, e o Verbo se fez carne, a Divina Misericórdia se fez ver, e dessa união entre Deus e a humanidade, formou-se o sangue precioso que selou a salvação do mundo.

A sempre Virgem Maria não é somente uma rainha que se assenta ao lado de um rei. A Imaculada Conceição está sempre a serviço da vontade do Pai-Criador e do Filho-Redentor, agindo em comunhão com o Espírito Santo.

Assim disse o Senhor:

> 'Quem é minha mãe e quem são meus irmãos?' E apontando para os discípulos com a mão, disse: 'Aqui estão minha mãe e meus irmãos, porque aquele que fizer a vontade de meu Pai que está nos Céus, esse é meu irmão, irmã e mãe' (*Mt* 12,48-50).

Maria nunca se colocou em evidência, mas sempre se apresentou como humilde serva do Senhor. Assim, respondeu ao chamado do Senhor: "Eu sou a serva do Senhor; faça-se em mim segundo tua palavra!" (*Lc* 1,38). Também disse o Senhor: "Aquele que quiser tornar-se grande entre vós seja aquele que serve, e o que quiser ser o primeiro dentre vós, seja o vosso servo. Desse modo, o Filho do Homem não veio para ser servido, mas para servir e dar sua vida como resgate por muitos" (*Mt* 20,26-28).

Maria sempre se mostrou compassiva com a humanidade e humilde perante Deus, apesar de ser a escolhida para gerar o Filho do Altíssimo em seu ventre, e ter aceitado a missão, e alimentado o Cristo Senhor.

Jesus, após ser encontrado no Templo conversando com os doutores da lei, onde o interrogavam e se admiravam com a sua sabedoria, pois tinha apenas 12 anos, "desceu então com seus pais para Nazaré e era-lhes submisso. Sua mãe, porém, conservava a lembrança de todos esses fatos em seu coração. E Jesus crescia em sabedoria, em estatura e em graça, diante de Deus e diante dos homens" (*Lc* 2,51-52).

Sigamos a nossa Rainha, ela mais que ninguém compreendeu o significado da misericórdia, nos dá o exemplo e nos mostra o caminho reto ao seu filho, que contém todo o sabor da vida em si, e esse sabor está no exercício da compaixão, se colocando à frente dos problemas para nos defender, não porque mereçamos, mas simplesmente porque Ele nos ama, basta ouvir a sua voz, assim como ovelhas que seguem o seu pastor. "Daí graças ao Senhor, porque ele é bom, porque eterna é a sua misericórdia!" (Sl 106,1).

☩ ☩ ☩

## FESTA DA MISERICÓRDIA

Santa Faustina Kowalska, conhecida no mundo inteiro como a apóstola da Misericórdia de Deus, é considerada pelos teólogos como parte de um grupo de notáveis místicos da Igreja.

Nasceu em Glogowiec, na Polônia, numa pobre mas piedosa família de aldeões. No batismo, na igreja paroquial de Swinice Warckie, recebeu o nome de Helena. Desde a infância distinguiu-se pela piedade, amor à oração, diligência e obediência, e ainda por uma grande sensibilidade às misérias humanas. Em seu coração recebeu uma forte manifestação de seguir a vida religiosa, mas devido à necessidade de trabalhar a partir dos 16 anos de idade como empregada doméstica para ajudar sua família, tentou sufocar esse chamado de Deus, mas foi impelida pela visão de Cristo sofredor e pelas Suas palavras de repreensão: "Até quando hei de ter paciência contigo e até quando tu Me desiludirás?" (*Diário de Santa Faustina* § 9). Helena tomou a decisão de entrar num convento. Por fim, no dia 1º de agosto de 1925, transpôs o limiar da clausura no convento da Congregação das Irmãs de Nossa Senhora da Misericórdia (*Zgromadzenie Sióstr Matki Bożej Miłosierdzia* em polonês), em Varsóvia.

Depois de algumas semanas foi tentada a deixar a congregação, para onde houvesse mais tempo dedicado à oração. Nessa altura, Nosso Senhor, mostrando-lhe a Sua face dolorosa e chagada, disse: "Tu Me infligirás tamanha dor, se saíres desta congregação! Chamei-te para este e não para outro lugar e preparei muitas graças para ti" (*Diário de Santa Faustina* § 9).

Na congregação, recebeu o nome de irmã Maria Faustina. Realizou seu noviciado em Cracóvia e foi lá que, na presença do bispo Stanislaw Rospond, fez tanto os primeiros votos religiosos como, passados cinco anos, os votos perpétuos de castidade, pobreza e obediência. Trabalhou nas diversas casas da congregação, porém permaneceu mais tempo em Cracóvia, Plock e Wilno, exercendo diversas funções, de cozinheira até porteira. Cumpria assiduamente as suas funções e não deixava transparecer a sua vida mística.

Nosso Senhor concedeu-lhe grandes graças: o dom da contemplação, o profundo conhecimento do mistério da Misericórdia de Deus, as visões, as aspirações, os estigmas ocultos, o dom da profecia, de discernimento, e o dom, raramente concedido, dos esponsais místicos, que sugere o mergulhar no mistério de Deus em profunda comunhão amorosa com Ele. Santa Faustina escreveu: "Nem graças, nem aparições, nem êxtases, ou qualquer outro dom que lhe seja concedido torna a alma perfeita, mas sim a união íntima com Deus. A minha santidade e perfeição consistem na união estreita da minha vontade com a vontade de Deus" (*Diário de Santa Faustina* § 1107).

Àquela simples religiosa, sem instrução, mas valorosa e de uma confiança sem limites em Deus, Jesus Cristo confiou a grande missão: a Mensagem da Misericórdia dirigida ao mundo inteiro:

> Hoje estou enviando-te, disse o Senhor Jesus, a toda a humanidade com a Minha misericórdia. Não quero castigar a sofrida humanidade, mas desejo curá-la estreitando-a ao Meu misericordioso Coração (*Diário de Santa Faustina* § 1588).
>
> És a secretária da Minha misericórdia. Eu te escolhi para essa função nesta e na outra vida (*Diário de Santa Faustina* § 1605);
>
> [...] é teu dever e tua missão em toda a tua vida dar a conhecer às almas a grande misericórdia, que tenho para com elas, e animá-las à confiança no abismo da Minha misericórdia (*Diário de Santa Faustina* § 1567).

Disse o Senhor Jesus a Faustina:

> Minha filha, se por teu intermédio peço aos homens devoção à Minha misericórdia, deves ser a primeira a distinguir-te pela tua confiança nela. Espero de ti obras de misericórdia, que devem nascer do teu amor para Comigo. Deves mostrar-te misericordiosa para com os outros, sempre e em qualquer lugar. Tu não podes te omitir, desculpar-te ou justificar-te (*Diário de Santa Faustina* § 742).

Irmã Faustina, em sua cela do convento em Plock, teve uma visão na qual o próprio Jesus se apresentou tal como a imagem deveria ser pintada. Com uma das mãos erguida para abençoar, e a outra tocava-Lhe a túnica, sobre o peito. Da túnica entreaberta sobre o peito saíam dois grandes raios, um vermelho e o outro pálido.

Logo depois, Jesus disse:

> Pinta uma Imagem de acordo com o modelo que estás vendo, com a inscrição: Jesus, eu confio em Vós (*Diário de Santa Faustina* § 47).
>
> Quero que essa Imagem seja abençoada solenemente no primeiro domingo depois da Páscoa, e esse domingo deve ser a Festa da Misericórdia (*Diário de Santa Faustina* § 49).
>
> O raio pálido significa a Água de que justifica as almas; o raio vermelho significa o Sangue que é a vida das almas. Feliz aquele que viver à sua sombra (*Diário de Santa Faustina* § 299).

A festa não é somente um dia de particular adoração a Deus no mistério da misericórdia, mas é também um tempo de graça para todos os homens. Disse o Senhor:

> Desejo que a Festa da Misericórdia seja refúgio e abrigo para todas as almas, especialmente para os pecadores (*Diário de Santa Faustina* § 699).
>
> As almas se perdem, apesar da Minha amarga Paixão. Estou lhes dando a última tábua de salvação, isto é, a Festa da Minha misericórdia. Se não venerarem a Minha misericórdia, perecerão por toda a eternidade (*Diário de Santa Faustina* § 965).
>
> [...] alcançarão perdão total das faltas e dos castigos aquele que, nesse dia, se aproximar da Fonte da Vida (*Diário de Santa Faustina* § 300).
>
> Neste dia, estão abertas as entranhas da Minha misericórdia. Derramo todo um mar de graças sobre as almas que se aproximam da fonte da Minha misericórdia. Que nenhuma alma tenha medo de se aproximar de Mim, ainda que seus pecados sejam como escarlate (*Diário de Santa Faustina* § 699).
>
> Nenhuma alma terá justificação, esclareceu Nosso Senhor, enquanto não se dirigir, com confiança, à Minha misericórdia. Nesse dia, os sacerdotes devem falar às almas desta Minha grande e insondável misericórdia (*Diário de Santa Faustina* § 570).

## Terço da Divina Misericórdia

"Quando recitam esse Terço junto a um agonizante, disse Jesus, aplaca-se a ira de Deus, a misericórdia insondável envolve a alma" (*Diário de Santa Faustina* § 811). "Pela recitação deste Terço agrada-Me dar tudo o que Me peçam" (*Diário de Santa Faustina* § 1541), "se estiver de acordo com a Minha vontade" (*Diário de Santa Faustina* § 1731). "Pela recitação desse Terço, aproximas a humanidade de Mim" (*Diário de Santa Faustina* § 929). "As almas que rezarem este Terço serão envolvidas pela Minha misericórdia, durante a sua vida, e de modo particular, na hora da morte" (*Diário de Santa Faustina* § 754).

## Hora da Misericórdia

Nosso Senhor Jesus mandou venerar a hora da Sua morte: "Todas as vezes que ouvires o bater o relógio, às três horas da tarde, deves mergulhar toda na Minha misericórdia, adorando-a e glorificando-a. Implora a onipotência dela em favor do mundo inteiro e especialmente dos pobres pecadores, porque nesse momento a misericórdia foi largamente aberta para toda a alma" (*Diário de Santa Faustina* § 1572).

Disse o Senhor a Faustina: "Minha filha, procura rezar, nessa hora, a Via Sacra, à medida que te permitirem os teus deveres, e se não puderes fazer a Via Sacra, entra, ao menos por um momento na capela e adora o Meu Coração, que está cheio de misericórdia no Santíssimo Sacramento. Se não puderes ir à capela, recolhe-te em oração onde estiveres, ainda que seja por um breve momento" (*Diário de Santa Faustina* § 1752).

"Nessa hora, prometeu Nosso Senhor, conseguirás tudo para ti e para os outros. Nessa hora, realizou-se a graça para todo o mundo: a misericórdia venceu a justiça" (*Diário de Santa Faustina* § 1752).

## A divulgação do culto da Misericórdia

Prometeu Senhor Jesus "As almas que divulgam o culto da Minha misericórdia Eu as defendo por toda a vida como uma terna mãe defende seu filhinho e, na hora da morte não serei Juiz para elas, mas sim o Salvador misericordioso" (*Diário de Santa Faustina* § 1075).

## Faz parte do calendário da Igreja por ação de São João Paulo II

No ano 2000, o Papa João Paulo II canonizou Santa Faustina e, durante a celebração, declarou: "É importante, então, que acolhamos inteiramente a mensagem que nos vem da palavra de Deus neste segundo Domingo de Páscoa, que de agora em diante na Igreja inteira tomará o nome de 'Domingo da Divina Misericórdia' (Homilia, 30 de abril de 2000).

Entre outras coisas, oferece uma indulgência plenária: "Para fazer com que os fiéis vivam com piedade intensa esta celebração. O Sumo Pontífice (João Paulo II) estabeleceu que o citado Domingo seja enriquecido com a Indulgência Plenária", "[...] para que os fiéis possam receber mais amplamente o dom do conforto do Espírito Santo e desta forma alimentar uma caridade crescente para com Deus e o próximo e, obtendo eles mesmos o perdão de Deus, sejam por sua vez induzidos a perdoar imediatamente aos irmãos" (Decreto da Penitência Apostólica de 2002).

Essa revelação privada tem efeitos válidos na liturgia, como disse o Papa Emérito Bento XVI: "Podemos acrescentar que frequentemente as revelações privadas provêm da piedade popular e nela se refletem, dando-lhe novo impulso e suscitando formas novas. Isto não exclui que aquelas tenham influência também na própria liturgia, como o demonstram por exemplo a festa do Corpo de Deus e a do Sagrado Coração de Jesus".

A Misericórdia Divina é incomensurável. Atinge qualquer um, em qualquer tempo, em qualquer lugar e em qualquer circunstância. Basta buscá-la, com arrependimento e humildade.

JESUS, EU CONFIO EM VÓS!

## TERÇO DA MISERICÓRDIA MEDITADO

Vós morrestes, Jesus, mas uma fonte de vida jorrou para as almas e abriu-se um mar de misericórdia para o mundo. Ó, fonte de vida, insondável misericórdia de Deus, envolvei o mundo todo e derramai-Vos sobre nós. (*Diário de Santa Faustina* § 1319)

Repita três vezes:

"Ó Sangue e Água que jorrastes do Coração de Jesus como fonte de misericórdia para nós, eu confio em Vós!"

Reza-se um Pai-Nosso, uma Ave-Maria e um Creio.

**1º MISTÉRIO:** Oração e agonia de Nosso Senhor Jesus Cristo no Horto

Nesse momento, a minha mente foi estranhamente iluminada. Surgiu diante dos olhos da minha alma uma visão que era como a de Nosso Senhor no Jardim das Oliveiras. Primeiramente, surgiram os sofrimentos físicos e todas as circunstâncias que os agravavam; em seguida os sofrimentos espirituais em toda a sua extensão e ainda aqueles dos quais ninguém saberá. Essa visão englobava tudo: julgamentos injustos, difamações. O que escrevo é um resumo, mas esse conhecimento era tão claro que, o que mais tarde passei em nada era diferente daquilo que experimentei nesse momento. O meu nome devia ser "vítima". Quando terminou a visão, um suor frio me cobria a testa. (*Diário de Santa Faustina* § 135)

Fazei de mim, Jesus, um sacrifício agradável e puro ao olhar de Vosso Pai. Jesus, transformai-me a mim, miserável pecadora, em Vós, pois Vós tudo podeis, e entregai-me ao Vosso Eterno Pai. Desejo tornar-me uma hóstia de expiação diante de Vós... (*Diário de Santa Faustina* § 483)

*Nas contas grandes:* Eterno Pai, eu Vos ofereço o Corpo e o Sangue, a Alma e a Divindade do Vosso diletíssimo Filho, Nosso Senhor Jesus Cristo, em expiação dos nossos pecados e dos do mundo inteiro.

*Nas contas pequenas: Pela Sua dolorosa Paixão, tende misericórdia de nós e do mundo inteiro.*

**2º MISTÉRIO:** Flagelação de Nosso Senhor Jesus Cristo

Quando cheguei para a adoração, logo me envolveu o recolhimento interior, e vi Nosso Senhor amarrado ao tronco e logo sobreveio a flagelação. Vi quatro homens que se revezavam a açoitar o Senhor com azorragues. O meu coração parava só de olhar para esses suplícios; então, o Senhor me disse estas palavras: "Sofro uma dor ainda maior do que a que estás vendo"

E Jesus deu-me a conhecer por quais pecados submeteu-se à flagelação: foram os pecados da impureza. Oh! por que terríveis sofrimentos morais passou Jesus quando se submeteu à flagelação! Então, Jesus me disse: "Olha e repara bem o gênero humano na presente condição"

E imediatamente, vi coisas horríveis: afastaram-se os algozes de Nosso Senhor e vieram flagelá-Lo outras pessoas que seguravam nas suas mãos os chicotes e castigaram sem piedade o Senhor. Eram sacerdotes, religiosos e religiosas e os mais altos dignitários da Igreja, o que muito me admirou. Havia leigos de diversas idades e classes; todos descarregavam sua maldade sobre o inocente Jesus. Ao ver isto, meu coração entrou numa espécie de agonia.

E, quando o flagelavam os carrascos, Jesus se calava e olhava para o longe, mas quando o flagelavam essas almas que mencionei acima, Jesus cerrava os olhos e um gemido surdo, mas terrivelmente doloroso, escapava-Lhe do Coração. E o Senhor deu-me a conhecer, detalhadamente, a gravidade da maldade dessas almas ingratas: "Estás vendo, este é o sofrimento maior que a Minha Morte".

Então, calaram-se também os meus lábios e comecei a sentir em mim a agonia e senti que ninguém me consolaria nem arrancaria desse estado a não ser Aquele que me introduziu nele. Então, o Senhor me disse: "Estou vendo a dor sincera do teu coração, que trouxe enorme alívio ao Meu Coração. Olha e consola-te" (*Diário de Santa Faustina* § 445)

*Eterno Pai...*
*Pela Sua dolorosa Paixão...*

### 3º MISTÉRIO: A coroação de espinhos

Quando me concentro na Paixão do Senhor, frequentemente vejo Nosso Senhor na adoração, da seguinte maneira: após a flagelação, os carrascos levaram-No e tiraram-Lhe as vestes, que já se tinham colado às feridas; ao tirarem Suas vestes renovaram-se Suas Chagas. Em seguida, cobriram o Senhor com um manto de púrpura, sujo e rasgado, jogando-o sobre as Chagas renovadas. Esse manto, apenas em alguns pontos, atingia os joelhos. Mandaram, então que o Senhor se sentasse num tronco; fizeram uma coroa de espinhos e a colocaram na Sua Santa Cabeça, pondo-Lhe ainda um caniço nas Suas mãos e zombando d'Ele. Inclinavam-se diante d'Ele como diante de um rei, cuspiam no Seu rosto, enquanto outros pegavam o caniço e batiam na cabeça, outros infligiam-Lhe dores esbofeteando-O, ou cobrindo-Lhe o rosto, davam-Lhe murros. Jesus suportava tudo em silêncio. Quem compreenderá Sua dor? Jesus olhava para o chão, e eu senti o que então estava acontecendo no Dulcíssimo Coração de Jesus.

Que toda alma reflita sobre o que Jesus sofreu nesse momento. Rivalizavam uns com os outros em insultos ao Senhor. Eu ficava refletindo: de onde vinha tanta maldade no homem? E no entanto, é o pecado que causa isso — encontrou-se o amor com o pecado. (*Diário de Santa Faustina* § 408)

*Eterno Pai...*
*Pela Sua dolorosa Paixão...*

**4º MISTÉRIO:** Jesus carrega a cruz para o Calvário

Jesus surgiu, de repente, diante de mim, despido de Suas vestes, coberto de chagas por todo o corpo, os olhos cheios de sangue e lágrimas, o rosto todo desfigurado, coberto de escarros. Então o Senhor me disse: "A esposa deve ser semelhante ao seu esposo".

Compreendi a fundo essas palavras. Aqui não havia lugar para qualquer tipo de dúvidas. A minha semelhança com Jesus deve ser pelo sofrimento e pela humildade. "Olha o que fez de Mim o amor pelas almas humanas. Minha filha, no teu coração encontro tudo que Me nega um tão grande número de almas. O teu coração é o Meu repouso; muitas vezes, guardo grandes graças para o final da oração".

Cristo sofredor, saio ao Vosso encontro; como esposa Vossa, tenho que ser semelhante a Vós. O Vosso manto de ultrajes deve cobrir também a mim. Ó, Cristo, Vós sabeis como desejo ardentemente assemelhar-me a Vós. Fazei que participe de toda a Vossa Paixão, que toda a Vossa dor se entorne no meu coração. Confio que completareis isso em mim, da maneira que julgardes apropriada (*Diário de Santa Faustina* § 1418).

*Eterno Pai...*
*Pela Sua dolorosa Paixão...*

**5º MISTÉRIO:** Jesus morre na cruz

Durante a Santa Missa, vi Jesus pregado na cruz (em) grandes tormentos. Um imperceptível gemido saía do Seu Coração; a seguir disse: "Tenho sede. Estou sedento pela salvação das almas. Ajuda-Me, Minha filha a salvar as almas. Une teus sofrimentos à Minha Paixão e oferece-os ao Pai Celestial pelos pecadores" (*Diário de Santa Faustina* § 1932)

À noite, vi Nosso Senhor crucificado. Das mãos, dos pés e do lado corria o Preciosíssimo Sangue. A seguir, Jesus me disse: "Tudo isto é pela salvação das almas. Reflete, Minha filha, sobre o que tu estás fazendo pela salvação delas"

Respondi: "Jesus, quando olho para a Vossa Paixão, vejo que eu quase nada faço pela salvação das almas" E o Senhor me disse: "Fica sabendo, Minha filha, que o teu silencioso martírio de todos os dias, na total submissão à Minha vontade, leva muitas almas ao Céu. Quando te parecer que o sofrimento ultrapassa as tuas forças, olha para as Minhas Chagas, e te elevarás acima do desprezo e do juízo dos homens. A meditação sobre a Minha Paixão te ajudará a te elevares acima de tudo". Compreendi muitas coisas que antes não era capaz de entender. (*Diário de Santa Faustina* § 1184)

*Eterno Pai... Pela Sua dolorosa Paixão...*

### No final do terço:
*Deus Santo, Deus Forte, Deus Imortal, tende piedade de nós e do mundo inteiro (3X)*

Ó Deus eterno, em quem a misericórdia é insondável e o tesouro da compaixão é inesgotável, olhai propício para nós e multiplicai em nós a Vossa misericórdia, para que não nos desesperemos nos momentos difíceis, nem esmoreçamos, mas nos submetamos sempre com grande confiança à Vossa Santa Vontade, que é Amor e a própria Misericórdia.

# ~ Anexo I ~

## Orações & Devoções

### Índice das Preces

Oração Do Sinal Da Cruz
Credo: Símbolo Niceno-Constantinopolitano
Pai Nosso
Ave Maria
Glória ao Pai...
Hino de Louvor (*Glória*)
Louvado Seja...
*Sanctus*
Invocação ao Espírito Santo
Oração ao Santo Anjo da Guarda
Alma de Cristo
Oração a Nossa Senhora do Sorriso para quem sofre de depressão
*Magnificat*
*Benedictus*
Salve Rainha
Oração Augusta Rainha Dos Céus
Oração a Nossa Senhora da Imaculada Conceição
Oração de Nossa Senhora Aparecida
Saudação Angélica
Maria Concebida Sem Pecado
Oração em Honra da Santíssima Trindade
Oração ao Divino Espírito Santo
Oração a São Miguel Arcanjo
Oração de São Bento
Oração de São Francisco

Oração Vocacional
Nossa Senhora, Meu Consolo
Comunhão Espiritual
Consagração ao Imaculado Coração de Maria
Oração do Abandono
Oração de Cura
Oração Pelo Brasil
Couraça de São Patrício
Santo Rosário Mariano
Terço das Lágrimas de Sangue da Virgem Maria
Terço a São José
Ladainha de Nossa Senhora
Ladainha do Espírito Santo
Jesus Manso e Humilde

    Como disse o Papa Francisco, a oração é um diálogo íntimo como o Criador, um diálogo que parte do coração humano para chegar ao "Coração" de Deus, à Sua misericórdia capaz de transformar a nossa vida, amplificando, na sua simplicidade, a riqueza do magistério da Igreja. A oração deve ser para o cristão "o respiro de vida". (Audiência Geral, 9 de junho de 2021).

    Para ajudar nesse diálogo, descrevemos a seguir algumas orações comumente realizadas, por piedade e devoção, tanto no cotidiano quanto nas horas mais difíceis, indicadas por alguns santos de Deus, todas aprovadas pelo Magistério da Igreja.

    Elevemos nossos corações por meio de cada palavra proferida, com humildade e coração contrito, em adoração filial a Deus Pai, a Deus Filho e a Deus Espírito Santo, pedindo a intercessão da sempre Virgem e Imaculada Conceição Maria, dos Anjos e de toda a Igreja Triunfante.

## Oração do Sinal da Cruz

Pelo sinal da Santa Cruz, livrai-nos Deus, nosso Senhor, dos nossos inimigos.

Em nome do Pai, do Filho e do Espírito Santo.

Amém.

## Credo: Símbolo Niceno-Constantinopolitano

Creio em um só Deus, Pai todo-poderoso, Criador do céu e da terra, de todas as coisas visíveis e invisíveis.

Creio em um só Senhor, Jesus Cristo, Filho Unigênito de Deus, nascido do Pai antes de todos os séculos: Deus de Deus, Luz da Luz, Deus verdadeiro de Deus verdadeiro, gerado, não criado, consubstancial ao Pai. Por Ele todas as coisas foram feitas. E por nós, homens, e para nossa salvação, desceu dos céus e se encarnou pelo Espírito Santo, no seio da Virgem Maria, e se fez homem.

Também por nós foi crucificado sob Pôncio Pilatos; padeceu e foi sepultado. Ressuscitou ao terceiro dia, conforme as Escrituras, e subiu aos céus, onde está sentado à direita do Pai.

E de novo há de vir, em sua glória, para julgar os vivos e os mortos; e o seu reino não terá fim.

Creio no Espírito Santo, Senhor que dá a vida, e procede do Pai e do Filho; e com o Pai e o Filho é adorado e glorificado: Ele que falou pelos profetas.

Creio na Igreja, uma, santa, católica e apostólica.

Professo um só Batismo para a remissão dos pecados. E espero a ressurreição dos mortos e a vida do mundo que há de vir.

Amém.

## Pai Nosso

Pai nosso, que estais nos céus, santificado seja o Vosso Nome; venha a nós o Vosso Reino, seja feita a Vossa Vontade, assim na terra como no céu.

O pão nosso de cada dia nos dai hoje, perdoai-nos as nossas ofensas, assim como nós perdoamos a quem nos têm ofendido, e não nos deixeis cair em tentação, mas livrai-nos do mal.

Amém.

## Ave Maria

Ave Maria, Cheia de Graça! O Senhor é contigo, bendita és tu entre as mulheres e bendito é o fruto do teu ventre, Jesus!

Santa Maria, mãe de Deus, rogai por nós pecadores, agora e na hora de nossa morte, Amém.

## Glória ao Pai

Glória ao Pai, ao Filho e ao Espírito Santo, como era no princípio, agora e sempre. Amém.

## Hino de Louvor (Glória)

Glória a Deus nas alturas

E paz na terra aos homens

Por Ele amados

Senhor Deus, Rei dos céus,

Deus Pai todo poderoso

Nós vos louvamos,

Nós vos bendizemos

Nós vos adoramos,

Nós vos glorificamos

Nós vos damos graças,

Por vossa imensa glória

Senhor Jesus Cristo,

Filho Unigênito.

Senhor Deus, cordeiro de Deus,

Filho de Deus Pai.

Vós que tirais o pecado do mundo,

Tende piedade de nós.

Vós que tirais o pecado do mundo,

Acolhei a nossa súplica.

Vós que estais à direita do Pai,

Tende piedade de nós.
Só vós sois o Santo,
Só vós sois o Senhor,
Só vós o Altíssimo, Jesus Cristo,
Com o Espírito Santo,
Na glória de Deus Pai.
Amém.

✠ ✠ ✠

V. **Louvado seja Nosso Senhor Jesus Cristo.**
R. *Para sempre seja louvado!*

## *Sanctus*

Santo, santo, santo.
Santo é o Senhor, Deus do Universo.
O céu e a terra proclamam vossa glória.
Hosana nas alturas.
Bendito o que vem em nome do Senhor.
Hosana nas alturas.

## *Invocação ao Espírito Santo*

Vinde, Espírito Santo, enchei os corações de vossos fiéis e acendei neles o fogo do Vosso Amor.

Enviai, Senhor, o vosso Espírito e tudo será criado, e renovareis a face da terra.

*Oremos*: Ó, Deus, que instruístes os corações dos vossos fiéis com a luz do Espírito Santo, fazei que apreciemos retamente todas as coisas, segundo o mesmo Espírito, e gozemos sempre da Sua consolação, por Cristo Senhor Nosso.

Amém.

## Oração ao Santo Anjo da Guarda

Santo Anjo do Senhor, meu zeloso guardador,
se a ti me confiou a piedade divina,
sempre me rege, guarda, governa e ilumina.
Amém.

## Alma de Cristo

Alma de Cristo, santificai-me!
Corpo de Cristo, salvai-me!
Sangue de Cristo, inebriai-me!
Água do lado de Cristo, lavai-me!
Paixão de Cristo, confortai-me!
Ó, bom Jesus, ouvi-me!
Dentro de vossas chagas, escondei-me!
Não permitais que me separe de vós.
Do espírito maligno, defendei-me!
Na hora da minha morte,
chamai-me e mandai-me ir para vós,
para que com vossos santos vos louve,
por todos os séculos dos séculos.
Amém.

✠ ✠ ✠

## Oração a Nossa Senhora do Sorriso Para Quem Sofre de Depressão

Ó Maria, nossa dulcíssima Mãe, que se dignou com o seu inesquecível Sorriso consolar e curar da depressão a sua pequena filha Santa Teresa do Menino Jesus, olha agora com afeto maternal tantos filhos e filhas que sofrem da mesma doença. Derrame sobre todos eles o dom incomparável do seu Sorriso, que é como uma carícia suavíssima na alma e cure-os instantaneamente de todos os males!

Ó, Virgem Santa, roga ao teu doce Filho que, pela força da sua Ressurreição, dê nova vida a todas as almas encerradas no cárcere da depressão. Esta prisão é como um invólucro negro que os impede de ver e experimentar a beleza da vida.

Senhor Jesus, Tu que um dia disseste: "Lázaro, sai para fora!", ordena a todos os teus filhos que sofrem na mente e na alma as mesmas palavras: "Sai para fora!", fora do sepulcro onde o teu espírito está encerrado na escuridão desta depressão, dessa tristeza, desse medo, dessa angústia, dessa confusão mental que tira toda esperança e todo desejo de viver.

Ó, Anjos do Céu, desamarrem todas as bandagens que me cercam na triste mortalha desta morte interior. Cristo ressuscitou! Ele venceu a morte e o inferno. Por esta minha fé na Ressurreição de Jesus Cristo, invoco sobre mim, dentro de meu corpo, dentro de minha alma, dentro de minha mente, a sua luz mais poderosa de vida, de alegria, de cura e de libertação, luz que emana das suas gloriosíssimas chagas, a fim de que sejam destruídos definitivamente todos os malefícios, todas as maldições, todos os feitiços, todas as amarrações, todos os círculos de morte feitos para atingir minha mente e fazer de mim uma criatura infeliz. Não haja mais espaço em mim para qualquer escuridão, para qualquer espírito de depressão, de tristeza, de desânimo, de desespero, de bulimia nervosa e anorexia.

Senhor Jesus, preencha todos os vazios deixados pelo maligno com o Espírito Santo e sele tudo em seu Sangue precioso, para que eu seja curado para sempre e viva para cantar para sempre a tua infinita misericórdia a louvor e glória da Santíssima Trindade.

Amém, amém, amém.

## *Magnificat (Lc 1,46-55)*

— A minh'alma engrandece ao Senhor *

e se alegrou o meu espírito em Deus, meu Salvador;

— Pois ele viu a pequenez de sua serva, *

desde agora as gerações hão de chamar-me de bendita.

— O Poderoso fez por mim maravilhas *

e Santo é o seu nome!

— Seu amor, de geração em geração, *

chega a todos que o respeitam.

— Demonstrou o poder de seu braço, *
dispersou os orgulhosos;
— Derrubou os poderosos de seus tronos *
e os humildes exaltou.

— De bens saciou os famintos, *
e despediu, sem nada, os ricos.
— Acolheu Israel, seu servidor, *
fiel ao seu amor.

— Como havia prometido aos nossos pais, *
em favor de Abraão e de seus filhos, para sempre.

— Glória ao Pai e ao Filho e ao Espírito Santo. *
Como era no princípio, agora e sempre.
Amém.

## *Benedictus (Lc 1,68-79)*

— Bendito seja o Senhor Deus de Israel, *
porque a seu povo visitou e libertou;
— E fez surgir um poderoso Salvador *
na casa de Davi, seu servidor.

— Como falara pela boca de seus santos, *
os profetas desde os tempos mais antigos,
— Para salvar-nos do poder dos inimigos *
e da mão de todos quantos nos odeiam.

— Assim mostrou misericórdia a nossos pais, *
recordando a sua santa Aliança.
— E o juramento a Abraão, o nosso pai, *
de conceder-nos que, libertos do inimigo,

= A ele nós sirvamos sem temor †
em santidade e em justiça diante dele, *

enquanto perdurarem nossos dias.
= Serás profeta do Altíssimo, ó, menino, †
pois irás andando à frente do Senhor *
para aplainar e preparar os seus caminhos.

— Anunciando ao seu povo a salvação, *
que está na remissão de seus pecados;
— Pela bondade e compaixão de nosso Deus, *
que sobre nós fará brilhar o Sol nascente.

— Para iluminar a quantos jazem entre as trevas *
e na sombra da morte estão sentados
— E para dirigir os nossos passos, *
guiando-os no caminho da paz.

— Glória ao Pai e ao Filho e ao Espírito Santo. *
Como era no princípio, agora e sempre.
Amém.

## *Salve Rainha*

Salve Rainha, Mãe de Misericórdia.
Vida, doçura e esperança nossa, salve.
A vós bradamos, os degredados filhos de Eva.
A vós suspiramos, gemendo e chorando neste vale de lágrimas.
Eia, pois, advogada nossa,
esses vossos olhos misericordiosos a nós volvei.
E depois deste desterro, mostrai-nos Jesus,
bendito fruto do vosso ventre, ó clemente,
ó piedosa, ó doce sempre Virgem Maria.
Rogai por nós, Santa Mãe de Deus.
Para que sejamos dignos das promessas de Cristo.
Amém.

## Augusta Rainha dos Céus

No dia 13 de janeiro de 1864, o Bem-aventurado Padre Luís-Eduardo Cestac foi subitamente atingido por um raio da luz divina. Ele viu demônios espalhados por toda a terra, causando uma imensa confusão. Ao mesmo tempo, ele teve uma visão da Virgem Maria. Nossa Senhora lhe revelou que realmente o poder dos demônios fora desencadeado em todo o mundo e que, então, mais do que nunca, era necessário rezar à Rainha dos Anjos e pedir a ela que enviasse as legiões dos santos anjos para combater e derrotar os poderes do inferno.

"Minha Mãe", disse o padre, "vós sois tão bondosa, por que então não enviais por vós mesma estes anjos, sem que ninguém vos peça?".

"Não", respondeu a Santíssima Virgem, "a oração é uma condição estabelecida pelo próprio Deus para a obter esta graça".

"Então, Mãe santíssima — disse o sacerdote —, ensinai-me como quereis que se vos peça!"

Foi então que o Bem-aventurado Luís-Eduardo Cestac recebeu a oração "Augusta Rainha dos Céus". "Meu primeiro dever — disse ele — era apresentar esta oração a Monsenhor La Croix, bispo de Bayonne, que se dignou a aprová-la. Cumprido este dever, fiz imprimir 500.000 cópias, e providenciei que fossem distribuídas em todos os lugares. [...] Não devemos esquecer que, da primeira vez que as imprimimos, a máquina impressora chegou a quebrar duas vezes".

Esta oração foi indulgenciada pelo Papa São Pio X no dia 8 de julho de 1908. Recomenda-se que seja aprendida de cor:

## Oração Augusta Rainha dos Céus

Augusta Rainha dos céus, soberana mestra dos Anjos,
Vós que, desde o princípio, recebestes de Deus
o poder e a missão de esmagar a cabeça de Satanás,
Nós vo-lo pedimos humildemente,
Enviai vossas legiões celestes para que,
sob vossas ordens, e por vosso poder,
Elas persigam os demônios, combatendo-os por toda a parte,
Reprimindo-lhes a insolência, e lançando-os no abismo.

Quem é como Deus?
Ó Mãe de bondade e ternura,
Vós sereis sempre o nosso Amor e a nossa esperança.
Ó Mãe Divina,
Enviai os Santos Anjos para nos defenderem,
E repeli para longe de nós o cruel inimigo.
Santos Anjos e Arcanjos,
Defendei-nos e guardai-nos.
Amém.

(* *Texto e oração conforme publicado no* site *do Padre Paulo Ricardo*)

### Oração a Nossa Senhora da Imaculada Conceição

Ó incomparável Senhora da Conceição Aparecida.

Mãe de Deus, Rainha dos Anjos, Advogada dos pecadores, refúgio e consolação dos aflitos e atribulados, Virgem Santíssima cheia de poder e de bondade, lançai sobre nós um olhar favorável, para que sejamos socorridos por vós, em todas as necessidades em que nos acharmos.

Lembrai-vos, ó clementíssima Mãe Aparecida, que nunca se ouviu dizer que algum daqueles que têm a vós recorrido, invocado vosso santíssimo nome e implorado vossa singular proteção, fosse por vós abandonado. Animados com esta confiança, a vós recorremos.

Tomamo-nos de hoje para sempre por nossa Mãe, nossa protetora, consolação e guia, esperança e luz na hora da morte. Livrai-nos de tudo o que possa ofender-vos e a vosso Santíssimo Filho, Jesus.

Preservai-nos de todos os perigos da alma e do corpo; dirigi-nos em todos os negócios espirituais e temporais. Livrai-nos da tentação do demônio, para que, trilhando o caminho da virtude, possamos um dia ver-vos e amar-vos na eterna glória, por todos os séculos dos séculos.

Amém.

### Oração de Nossa Senhora Aparecida

\* *O Papa Francisco, em sua visita ao Brasil, também rezou uma oração diante da imagem de Nossa Senhora Aparecida.*

"Mãe Aparecida, como Vós um dia, assim me sinto hoje diante do vosso e meu Deus, que nos propõe para a vida uma missão cujos contornos e limites desconhecemos, cujas exigências apenas vislumbramos. Mas, em vossa fé de que 'para Deus nada é impossível', Vós, ó Mãe, não hesitastes, e eu não posso hesitar. Assim, ó Mãe, com Vós, eu abraço a minha missão. Em vossas mãos coloco minha vida e vamos Vós-Mãe e Eu-filho caminhar juntos, crer juntos, lutar juntos, vencer juntos como sempre juntos caminhastes vosso Filho e Vós".

## *Saudação Angélica*

O anjo do Senhor anunciou a Maria.
E ela concebeu do Espírito Santo. (*Ave Maria...*)
Eis aqui a serva do Senhor.
Faça-se em mim segundo a vossa palavra. (*Ave Maria...*)
E o Verbo se fez carne.
E habitou entre nós. (*Ave Maria...*)

## *Maria Concebida Sem Pecado*

Maria, concebida sem pecado, rogai por nós que recorremos a Vós!

(*Assim o corpo de Cristo, no seio de Maria, não esteve submetido ao pecado, à lei na qual o corpo humano leva ao pecado, fator fundamental que não se realizou em Jesus, pela sua mãe livre do pecado e o seu Filho, da mesma forma.*)

## *Oração em Honra da Santíssima Trindade*

(*Manná* — Frei Ambrosio Johanning)

Glória ao Pai que, por seu poder, me tirou do nada e me criou à sua imagem e semelhança!
Glória ao Filho que, por amor, me libertou do inferno e me abriu a porta do céu!
Glória ao Espírito Santo que, por sua misericórdia, me santificou no Batismo e opera continuamente minha santificação, pelas graças que todos os dias recebo de sua infinita bondade!

Glória às três adoráveis Pessoas da Santíssima Trindade, como era no princípio, agora e sempre e por todos os séculos dos séculos.

Eu vos adoro, Trindade beatíssima, com devoção e profundo respeito; e vos dou graças por nos haverdes revelado tão glorioso e inefável mistério. Humildemente vos suplico, me concedas que, perseverando até a morte nesta crença, possa ver e glorificar no céu o que firmemente creio na terra: um Deus em três Pessoas distintas: Pai, Filho e Espírito Santo.

Amém.

## Oração ao Divino Espírito Santo

(*Manná* — Frei Ambrosio Johanning)

Ó, Espírito Santo, Espírito de amor e de verdade, autor da santificação das nossas almas! Eu vos adoro como o princípio da minha felicidade eterna. Muitas graças vos dou, Soberano Dispensador dos benefícios que do céu recebo, e vos invoco como a fonte das luzes e da fortaleza, que me são necessárias para conhecer o bem e poder praticá-lo.

Espírito de luz e fortaleza, iluminai o meu entendimento, fortificai a minha vontade, purificai o meu coração, regulai todos os meus movimentos e fazei-me dócil a todas as vossas inspirações.

Ó, Espírito Consolador, aliviai as penas e os trabalhos que me afligem neste vale de lágrimas; dá-me conformidade e paciência, para que eu mereça fazer neste mundo penitência dos meus pecados e gozar no outro a luz da eterna bem-aventurança.

Amém.

## Oração a São Miguel Arcanjo

São Miguel Arcanjo, defendei-nos no combate, sede o nosso refúgio contra as maldades e as ciladas do demônio. Ordene-lhe Deus, instantemente o pedimos, e vós, príncipe da milícia celeste, pela virtude divina, precipitai no inferno a satanás e a todos os espíritos malignos que andam pelo mundo para perder as almas.

## Oração de São Bento

A Cruz Sagrada seja a minha luz, não seja o dragão o meu guia.
Retira-te, satanás! Nunca me aconselhes coisas vãs.
É mau o que tu me ofereces, bebas tu mesmo os teus venenos!

## Oração de São Francisco

Senhor, fazei-me instrumento de vossa paz.
Onde houver ódio, que eu leve o amor.
Onde houver ofensa, que eu leve o perdão.
Onde houver discórdia, que eu leve a união.
Onde houver dúvida, que eu leve a fé.
Onde houver erro, que eu leve a verdade.
Onde houver desespero, que eu leve a esperança.
Onde houver tristeza, que eu leve a alegria.
Onde houver trevas, que eu leve a luz.
Ó Mestre, fazei que procure mais consolar que ser consolado; compreender que ser compreendido; amar que ser amado.

Pois é dando que se recebe; é perdoando que se é perdoado e, morrendo, que se vive para a vida eterna.

Amém.

## Oração Vocacional

Jesus, mestre divino, que chamaste os Apóstolos a vos seguir, continuai a passar pelas nossas famílias, pelas nossas escolas e continua a repetir o convite a muitos de nossos jovens.

Dai coragem às pessoas convidadas. Dai força para que vos sejam fiéis como apóstolos leigos, como diáconos, padres e bispos, como religiosos e religiosas, como missionários e missionárias, para o bem do povo de Deus e de toda a humanidade.

Amém.

## Nossa Senhora, Meu Consolo

*(Rezar na perda de um ente querido)*

Mãe querida, mãe de Deus, meu consolo, meu auxílio e proteção, estendei sobre mim e minha família vosso olhar, vosso amor, vossa ternura, e confortai-nos na dor que sentimos na ausência de nosso(a) irmão(ã).

Vós, que sofrestes essa mesma dor, na morte de vosso Filho Jesus, ajudai-nos a descobrir o sentido da vida na plenitude eterna.

Ajudai-nos a enfrentar esse momento humano difícil, mas na certeza da consolação e da esperança em nosso amor materno e consolador.

Guardai a mim e a minha família, ó mãe bendita e querida.

Amém.

## Comunhão Espiritual

*(Santo Afonso Maria de Ligório)*

Meu Jesus, eu creio que estais realmente presente no Santíssimo Sacramento do altar.

Amo-vos sobre todas as coisas e minha alma suspira por Vós.

Mas, como não posso receber-Vos agora no Santíssimo Sacramento, vinde, ao menos espiritualmente, a meu coração.

Abraço-me convosco como se já estivésseis comigo; uno-me convosco inteiramente.

Ah! Não permitais que torne a separar-me de Vós.

Amém.

## Consagração ao Imaculado Coração de Maria

*(São Luís Maria G. Monfort)*

Eu, [diga seu nome], pecador infiel, renovo e ratifico hoje em vossas mãos as promessas do meu batismo. Renuncio para sempre a Satanás, às suas pompas e às suas obras, e dou-me inteiramente a Jesus Cristo, Sabedoria encarnada, para, seguindo-O fielmente, levar com coragem a minha cruz, em todos os dias da vida.

E para lhe ser mais fiel do que fui no passado eu vos escolho hoje, ó Maria, na presença de toda a corte celeste, por minha Mãe e Senhora. Vos entrego e consagrado, na qualidade de escravo(a), o meu corpo e a minha alma, os meus bens interiores e exteriores e o próprio valor das minhas boas obras, passadas, presentes e futuras, deixando-vos pleno e inteiro direito de dispor de mim e de tudo o que me pertence sem exceção, segundo o vosso agrado e para maior glória de Deus, no tempo e na eternidade.

## *Oração do Abandono*

(*Charles de Focauld*)

Meu Pai, eu me abandono a Ti, faz de mim o que quiseres. O que quer que faças de mim eu Te o agradeço. Estou pronto para tudo aceito tudo, contanto que a Tua Vontade se faça em mim e em tudo o que criaste; nada mais quero, meu Deus.

Nas Tuas mãos entrego a minha vida, eu Te a dou, meu Deus, com todo o amor do meu coração porque eu Te amo e porque é para mim uma necessidade de amor dar-me, entregar-me sem medida nas Tuas mãos com uma infinita confiança porque Tu és o meu Pai.

## *Oração de Cura*

"Senhor, se quiseres, podes curar-me" (*Mt 8,2*)

Pai Santo, eu Te louvo e Te bendigo pela Tua bondade e pelo Teu amor, peço-Te, em nome de Jesus, Teu muito amado Filho, meu Senhor e Salvador, que mandes sobre mim o Teu Espírito com todos os seus frutos e dons. Santifica, com a Tua Presença, o meu corpo e minha alma. Concede-me fé forte em Ti e na Tua Palavra. Dá-me a graça de Te amar com todo o meu coração e de Te pôr em primeiro lugar na minha vida, renunciando a todos os meus ídolos, vícios, pecados e defeitos. Na Tua infinita misericórdia tem compaixão de mim que sou um pecador e perdoa as minhas culpas.

Também eu perdoo de todo o coração a todos aqueles que me ofenderam durante a minha vida (ao N. por me ter...). Livra-me também de todas as ciladas e ataques do Inimigo. Que ele não tenha nenhum domínio sobre mim. Livra-me das seduções do mundo que me afastam de Ti e da Tua Vontade. Livra-me das fraquezas da carne que me empurram para o pecado. Cura o meu corpo de todas as doenças e a minha mente de toda a ansiedade, tristeza ou perturbação. Sabes bem, que muitas coisas que vivi, desde o dia em que fui concebido no ventre da minha mãe, me marcaram negativamente.

Com a graça do Espírito Santo, cura agora, Pai Santo, no meu coração todas as feridas que nele encontrares, sobretudo aquelas que surgiram por me ter sentido rejeitado, abandonado, não amado nem compreendido, vítima de ódio, da inveja, da indiferença e da maldade dos homens.

Dá-me um coração novo, como o Coração de Jesus, manso, humilde, cheio de alegria, de paz e transbordante de amor. Transforma-me plenamente com o Teu amor.

Que eu comece hoje uma vida nova, Te dê glória em tudo o que, digo e faço, e, nesta peregrinação para Ti, seja acompanhado e ajudado por Maria, minha querida Mãe, e por todos os Teus Anjos e Santos.

Amém.

— *Todas as orações com aprovação eclesiástica* —

## Oração Pelo Brasil

*Maria Gabriela*

Senhor nosso Deus, dignai-vos pela vossa misericórdia afastar do nosso país, o Brasil, Terra de Santa Cruz, a vossa cólera e a vossa exasperação, porque é devido às nossas iniquidades e aos pecados dos nossos governantes e devido aos pecados do povo brasileiro, que estamos vivendo estes tempos tão difíceis, com tantas provações.

Ouvi, pois, Senhor, a nossa prece suplicante. Vós sois um Deus cheio de misericórdia, por isso vos pedimos, fazei irradiar vossa face sobre o nosso Brasil.

Ó, Deus Todo Poderoso, ouvi-nos, abri os vossos olhos para ver o sofrimento deste povo. É em nome de vossa grande misericórdia que humildemente suplicamos.

Este país foi marcado com a Santa Cruz, quando os portugueses aqui chegaram.

Não permitais que esta cruz caia, Senhor. Que os vossos Santos Anjos sustentem esta cruz e que o nosso país tenha um grande derramamento do Espírito Santo, para que assim o nosso Brasil seja livre da ganância, da corrupção, da imoralidade, das drogas e da violência.
Amém.

## Couraça de São Patrício

*Estudos recentes mostram que talvez a oração não tenha sido composta pelo Apóstolo da Irlanda. A oração foi composta em 433 d.C.*

Levanto-me, neste dia que amanhece,
Por uma grande força, a invocação da Trindade,
Pela fé na Tríade,
Pela afirmação da unidade
Do Criador da criação.

Levanto-me, neste dia que amanhece,
Pela força do nascimento de Cristo e de seu batismo,
Pela força de sua crucificação e sepultamento,
Pela força de sua ressurreição e ascensão,
Pela força de sua descida para o julgamento dos mortos.

Levanto-me, neste dia que amanhece,
Pela força do amor dos Querubins,
Em obediência aos Anjos,
A serviço dos Arcanjos,
Pela esperança da ressurreição e do prêmio,
Pelas orações dos Patriarcas,
Pelas previsões dos Profetas,
Pela pregação dos Apóstolos
Pela fé dos Confessores,
Pela inocência das Virgens santas,
Pelos atos dos Bem-aventurados.

Levanto-me, neste dia que amanhece,
Pela força do céu:
Luz do sol,
Clarão da lua,
Esplendor do fogo,
Pressa do relâmpago,
Presteza do vento,
Profundeza dos mares,
Firmeza da terra,
Solidez da rocha.

Levanto-me, neste dia que amanhece:
Que a força de Deus me dirija,
Que o poder de Deus me ampare,
Que a sabedoria de Deus me guie,
Que o olhar de Deus me vigie,
Que o ouvido de Deus me ouça,
Que a palavra de Deus me faça eloquente,
Que a mão de Deus me guarde,
Que o caminho de Deus me esteja à frente,
Que o escudo de Deus me proteja,
Que o exército de Deus me defenda
Das armadilhas do demônio,
Das tentações do vício,
De todos os que me desejam mal,
Longe e perto de mim,
Agindo só ou em grupo.

Conclamo, hoje, tais forças a me protegerem contra o mal,
Contra qualquer força cruel que me ameace corpo e alma,
Contra a encantação de falsos profetas,
Contra as leis negras do paganismo,
Contra as leis falsas dos hereges.

Contra a arte da idolatria,
Contra feitiços de bruxas e magos,
Contra saberes que corrompem o corpo e a alma.

Cristo, guarde-me hoje
Contra veneno, contra fogo,
Contra afogamento, contra ferimento,
Para que eu possa receber e desfrutar a recompensa.

Cristo comigo,
Cristo à minha frente,
Cristo atrás de mim,
Cristo em mim,
Cristo embaixo de mim,
Cristo acima de mim,
Cristo à minha direita,
Cristo à minha esquerda,
Cristo ao me deitar,
Cristo ao me sentar,
Cristo ao me levantar.

Cristo no coração de todos a quem eu falar,
Cristo na boca de todos os que me falarem,
Cristo em todos os olhos que me virem,
Cristo em todos os ouvidos que me ouvirem.

Levanto-me, neste dia que amanhece,
Por uma grande força, pela invocação da Trindade,
Pela fé na Tríade,
Pela afirmação da Unidade,
Pelo Criador da Criação.

## Santo Rosário Mariano

*Oferecimento*:

Divino Jesus, nós vos oferecemos este Terço que vamos rezar, meditando nos mistérios da nossa redenção. Concedei-nos, por intercessão da Virgem Maria, Mãe de Deus e nossa Mãe, as virtudes que nos são necessárias para bem rezá-lo e as graças de ganharmos as indulgências desta santa devoção.

"Oferecemos particularmente em desagravo dos pecados cometidos contra o Santíssimo Coração de Jesus e o Imaculado Coração de Maria, pela paz no mundo, pela conversão dos pecadores, pelas almas do purgatório, pelas intenções do santo padre o Papa, pelo aumento e santificação do clero, pelo nosso vigário, pela santificação das famílias, pelas missões, pelos doentes, pelos agonizantes, por aqueles que pediram nossas orações, por todas as nossas intenções particulares e pelo nosso Brasil".

Em seguida, segurando a Cruz do Terço, reza-se o "Creio".

Depois, em homenagem à Santíssima Trindade, reza-se um "Pai-Nosso", três "Ave-Marias" e um "Glória ao Pai".

A seguir enuncia-se o mistério a ser contemplado, rezando um "Pai-Nosso", dez "Ave-Marias" e um "Glória ao Pai", seguido da jaculatória:

"Ó meu Jesus, perdoai-nos, livrai-nos do fogo do inferno, levai as almas todas para o céu e socorrei principalmente as que mais precisarem da vossa Misericórdia".

## Mistérios Gozosos

(*Segundas e Sábados*)

1º A anunciação do Arcanjo Gabriel a Nossa Senhora e a encarnação de Nosso Senhor Jesus Cristo em seu seio virginal.

2º A visita de Nossa Senhora à sua prima Santa Isabel e a santificação de São João Batista.

3º O nascimento de Jesus em Belém.

4º A apresentação do Menino Jesus e a purificação de Nossa Senhora no templo.

5º A perda e o reencontro de Nosso Senhor Jesus Cristo com a Virgem Maria e São José entre os doutores da lei.

## Mistérios Luminosos

(*Quintas*)

1º Batismo de Jesus no rio Jordão.
2º Nas bodas de Caná, Jesus transforma água em vinho.
3º Anúncio do Reino de Deus e convite à conversão.
4º A transfiguração de Jesus no monte Tabor.
5º A instituição da Santíssima Eucaristia por Nosso Senhor Jesus Cristo.

## Mistérios Dolorosos

(*Terças e Sextas-feiras*)

1º A agonia mortal de Nosso Senhor Jesus Cristo no Horto das Oliveiras.
2º A flagelação de Jesus atado à coluna.
3º A coroação de espinhos de Jesus por seus algozes.
4º A subida dolorosa do Calvário.
5º A crucificação de Jesus.

## Mistérios Gloriosos

(*Quartas e Domingos*)

1º A ressurreição de Nosso Senhor Jesus Cristo.
2º A ascensão gloriosa de Jesus ao céu.
3º A descida do Espírito Santo sobre os Apóstolos.
4º A assunção gloriosa de Nossa Senhora ao Céu.
5º A Coroação de Nossa Senhora no Céu.

Agradecimentos

Infinitas graças vos damos, Soberana Rainha, pelos benefícios que todos os dias recebemos de vossas mãos liberais.

Dignai-vos agora e para sempre tomar-nos debaixo do vosso poderoso amparo e para mais vos agradecer, vos saudamos com uma Salve Rainha:

Salve Rainha, Mãe de Misericórdia, vida, doçura, esperança nossa, salve. A vós bradamos, os degredados filhos de Eva, a vós suspiramos, gemendo e chorando neste vale de lágrimas.

Eia, pois, advogada nossa, esses vossos olhos misericordiosos a nós volvei, e depois deste desterro, mostrai-nos Jesus, bendito fruto do vosso ventre, ó Clemente, ó Piedosa, ó Doce e sempre Virgem Maria.

Rogai por nós, Santa Mãe de Deus. Para que sejamos dignos das promessas de Cristo. Amém.

## Terço das Lágrimas de Sangue da Virgem Maria

*(Terço pedindo libertação em qualquer situação)*

**Início**

*Invocação ao Espírito Santo:*

Vinde, Espírito Santo, enchei os corações de vossos fiéis e acendei neles o fogo do Vosso Amor. Enviai, Senhor, o vosso Espírito e tudo será criado, e renovareis a face da terra.

Oremos: Ó, Deus, que instruístes os corações dos vossos fiéis com a luz do Espírito Santo, fazei que apreciemos retamente todas as coisas, segundo o mesmo Espírito, e gozemos sempre da Sua consolação, por Cristo Senhor Nosso.

Amém.

*Oração a São Miguel Arcanjo:*

São Miguel Arcanjo, defendei-nos no combate, sede o nosso refúgio contra as maldades e as ciladas do demônio. Ordene-lhe Deus, humildemente o pedimos, e vós, príncipe da milícia celeste, pela virtude divina, precipitai no inferno a satanás e a todos os espíritos malignos, que andam pelo mundo para perder as almas.

Creio, Pai Nosso, três Aves Maria e Glória ao Pai.

No lugar do Pai Nosso reza-se o *Magnificat*:

— A minh'alma engrandece ao Senhor *
e se alegrou o meu espírito em Deus, meu Salvador;
— Pois ele viu a pequenez de sua serva, *
desde agora as gerações hão de chamar-me de bendita.

— O Poderoso fez por mim maravilhas *
e Santo é o seu nome!
— Seu amor, de geração em geração, *
chega a todos que o respeitam.

— Demonstrou o poder de seu braço, *
dispersou os orgulhosos;
— Derrubou os poderosos de seus tronos *
e os humildes exaltou.

— De bens saciou os famintos, *
e despediu, sem nada, os ricos.
— Acolheu Israel, seu servidor, *
fiel ao seu amor.

— Como havia prometido aos nossos pais, *
em favor de Abraão e de seus filhos, para sempre.

— Glória ao Pai e ao Filho e ao Espírito Santo. *
Como era no princípio, agora e sempre.
Amém.

*No lugar das Ave-Marias, reza-se:*

Ave Maria, Virgem Poderosa, Imaculada Conceição, Rainha das Vitórias, que vossas lágrimas de sangue, destruam as forças infernais que se levantam contra... *(mencionar a quem).*

*No lugar do Glória ao Pai, reza-se:*

**Oração de São Bento:**
A Cruz Sagrada seja a minha luz, não seja o dragão o meu guia.

Retira-te satanás! Nunca me aconselhes coisas vãs.
É mau o que tu me ofereces, bebas tu mesmo os teus venenos!

**1ª dezena**: Contemplamos como Jesus nos deu um exemplo brilhante na luta contra satanás e seu reino.

**2ª dezena**: Contemplamos como Jesus venceu a morte e o inferno.

**3ª dezena**: Contemplamos a Cruz de Cristo que se tornou um sinal de terror para satanás.

**4ª dezena**: Contemplamos Jesus que deu à Virgem Maria a força de esmagar a cabeça da serpente infernal.

**5ª dezena**: Contemplamos Jesus que deu à Virgem Maria o poder sobre satanás.

*Final*
Salve Rainha, Mãe de Misericórdia.
Vida, doçura, esperança nossa, salve.
A vós bradamos, os degredados filhos de Eva.
A vós suspiramos, gemendo e chorando neste vale de lágrimas.

Eia, pois, advogada nossa, esses olhos misericordiosos a nós volvei. E depois deste desterro, mostrai-nos Jesus, bendito fruto do vosso ventre, ó clemente, ó piedosa, ó doce e sempre Virgem Maria.

Rogai por nós, Santa Mãe de Deus. Para que sejamos dignos das promessas de Cristo. Amém.

Levanta-se Deus, intercedendo a Bem-Aventurada Virgem Maria, São Miguel Arcanjo e toda Milícia Celeste, que sejam dispersos vossos inimigos e que fujam de vossa Face, todos os que vos odeiam.

Em nome do Pai, do Filho e do Espírito Santo.
Amém.

## Terço a São José

*Nas contas grandes:*
Meu glorioso São José, nas vossas maiores aflições e tribulações, não vos valeu o anjo do Senhor? Valei-me, São José.

*Nas contas pequenas:*
Valei-me, Valei-me, São José.

*Final*
**Oferecimento**: A vós, glorioso São José, ofereço este terço em louvor e glória de Jesus e Maria, para que seja minha luz e guia, minha proteção e defesa, minha fortaleza e alegria, em todos os meus trabalhos e tribulações, principalmente na hora da agonia.

Pelo nome de Jesus, pela glória de Maria, imploro o vosso poderoso patrocínio, para que me alcanceis a graça que tanto desejo.

Falai em meu favor, advogai a minha causa no céu e na terra, alegrai a minha alma para honra de Jesus, de Maria e vossa.

Amém.

## *Ladainha de Nossa Senhora*

Senhor, tende piedade de nós
Cristo, tende piedade de nós
Senhor, tende piedade de nós

Cristo, ouvi-nos
Cristo, atendei-nos

Deus Pai do céu, tende piedade de nós
Deus Filho Redentor do mundo, tende piedade de nós
Deus Espírito Santo, tende piedade de nós
Santíssima Trindade, que sois um só Deus, tende piedade de nós.

Santa Maria, *rogai por nós.*
Santa Mãe de Deus, *rogai por nós.*
Santa Virgem das virgens, *rogai por nós.*
Mãe de Jesus Cristo, *rogai por nós.*
Mãe da divina graça, *rogai por nós.*
Mãe puríssima, *rogai por nós.*
Mãe castíssima, *rogai por nós.*

Mãe imaculada, *rogai por nós.*
Mãe intacta, *rogai por nós.*
Mãe amável, *rogai por nós.*
Mãe admirável, *rogai por nós.*
Mãe do bom conselho, *rogai por nós.*
Mãe do Criador, *rogai por nós.*
Mãe do Salvador, *rogai por nós.*
Virgem prudentíssima, *rogai por nós.*
Virgem venerável, *rogai por nós.*
Virgem louvável, *rogai por nós.*
Virgem poderosa, *rogai por nós.*
Virgem clemente, *rogai por nós.*
Virgem fiel, *rogai por nós.*
Espelho de justiça, *rogai por nós.*
Sede da Sabedoria, *rogai por nós.*
Causa de nossa alegria, *rogai por nós.*
Vaso espiritual, *rogai por nós.*
Vaso honorífico, *rogai por nós.*
Vaso insigne de devoção, *rogai por nós.*
Rosa mística, *rogai por nós.*
Torre de Davi, *rogai por nós.*
Torre de marfim, *rogai por nós.*
Casa de ouro, *rogai por nós.*
Arca da aliança, *rogai por nós.*
Porta do céu, *rogai por nós.*
Estrela da manhã, *rogai por nós.*

Saúde dos enfermos, *rogai por nós.*
Refúgio dos pecadores, *rogai por nós.*
Consoladora dos aflitos, *rogai por nós.*
Auxílio dos cristãos, *rogai por nós.*

Rainha dos anjos, *rogai por nós.*
Rainha dos patriarcas, *rogai por nós.*
Rainha dos profetas, *rogai por nós.*
Rainha dos apóstolos, *rogai por nós.*
Rainha dos mártires, *rogai por nós.*
Rainha dos confessores, *rogai por nós.*
Rainha das virgens, *rogai por nós.*
Rainha de todos os santos, *rogai por nós.*

Rainha concebida sem pecado original, *rogai por nós.*
Rainha elevada ao céu em corpo e alma, *rogai por nós.*
Rainha do sacratíssimo Rosário, *rogai por nós.*
Rainha da paz, *rogai por nós.*

Cordeiro de Deus, que tirais os pecados do mundo, *perdoai-nos Senhor.*
Cordeiro de Deus, que tirais os pecados do mundo, *ouvi-nos Senhor.*
Cordeiro de Deus, que tirais os pecados do mundo, *tende piedade de nós.*

V. Rogai por nós, Santa Mãe de Deus,
R. *Para que sejamos dignos das promessas de Cristo.*

**Oremos:**
Senhor Deus, nós Vos suplicamos que concedais aos vossos servos perpétua saúde de alma e de corpo; e que, pela gloriosa intercessão da bem-aventurada sempre Virgem Maria, sejamos livres da presente tristeza e gozemos da eterna alegria. Por Cristo Nosso Senhor. Amém.

## *Ladainha do Espírito Santo*

Senhor, tende piedade de nós.
Jesus Cristo, tende piedade de nós.
Senhor, tende piedade de nós.

Divino Espírito Santo, ouvi-nos.
Espírito Paráclito, atendei-nos.

Deus Pai dos céus, tende piedade de nós.
Deus Filho, Redentor do mundo, tende piedade de nós.
Deus Espírito Santo, tende piedade de nós.
Santíssima Trindade, que sois um só Deus, tende piedade de nós.

Espírito da verdade, *tende piedade de nós.*
Espírito da sabedoria, *tende piedade de nós.*
Espírito da inteligência, *tende piedade de nós.*
Espírito da fortaleza, *tende piedade de nós.*
Espírito da piedade, *tende piedade de nós.*
Espírito do bom conselho, *tende piedade de nós.*
Espírito da ciência, *tende piedade de nós.*
Espírito do santo temor, *tende piedade de nós.*
Espírito da caridade, *tende piedade de nós.*
Espírito da alegria, *tende piedade de nós.*
Espírito da paz, *tende piedade de nós.*
Espírito das virtudes, *tende piedade de nós.*
Espírito de toda a graça, *tende piedade de nós.*
Espírito da adoção dos filhos de Deus, *tende piedade de nós.*

Purificador das nossas almas, *tende piedade de nós.*
Santificador e guia da Igreja Católica, *tende piedade de nós.*
Distribuidor dos dons celestes, *tende piedade de nós.*
Conhecedor dos pensamentos e das intenções do coração, *tende piedade de nós.*
Doçura dos que começam a vos servir, *tende piedade de nós.*
Coroa dos perfeitos, *tende piedade de nós.*
Alegria dos anjos, *tende piedade de nós.*
Luz dos patriarcas, *tende piedade de nós.*
Inspiração dos profetas, *tende piedade de nós.*
Palavra e sabedoria dos apóstolos, *tende piedade de nós.*
Vitória dos mártires, *tende piedade de nós.*
Ciência dos confessores, *tende piedade de nós.*

Pureza das virgens, *tende piedade de nós.*
Unção de todos os santos, *tende piedade de nós.*

Sede-nos propício, *perdoai-nos, Senhor.*
Sede-nos propício, *atendei-nos, Senhor.*

De todo o pecado, *livrai-nos, Senhor.*
De todas as tentações e ciladas do demônio, *livrai-nos, Senhor.*
De toda a presunção e desesperação, *livrai-nos, Senhor.*
Do ataque à verdade conhecida, *livrai-nos, Senhor.*
Da inveja da graça fraterna, *livrai-nos, Senhor.*
De toda a obstinação e impenitência, *livrai-nos, Senhor.*
De toda a negligência e tepor do espírito, *livrai-nos, Senhor.*
De toda a impureza da mente e do corpo, *livrai-nos, Senhor.*
De todas as heresias e erros, *livrai-nos, Senhor.*
De todo o mau espírito, *livrai-nos, Senhor.*
Da morte má e eterna, *livrai-nos, Senhor.*
Pela vossa eterna procedência do Pai e do Filho, *livrai-nos, Senhor.*
Pela milagrosa conceição do Filho de Deus, *livrai-nos, Senhor.*
Pela vossa descida sobre Jesus Cristo batizado, *livrai-nos, Senhor.*
Pela vossa santa aparição na transfiguração do Senhor, *livrai-nos, Senhor.*
Pela vossa vinda sobre os discípulos do Senhor, *livrai-nos, Senhor.*
No dia do juízo, *livrai-nos, Senhor.*

*Ainda que pecadores, nós vos rogamos, ouvi-nos.*
Para que nos perdoeis, *nós vos rogamos, ouvi-nos.*
Para que vos digneis vivificar e santificar todos os membros da Igreja, *nós vos rogamos, ouvi-nos.*
Para que vos digneis conceder-nos o dom da verdadeira piedade, devoção e oração, *nós vos rogamos, ouvi-nos.*
Para que vos digneis inspirar-nos sinceros afetos de misericórdia e de caridade, *nós vos rogamos, ouvi-nos.*
Para que vos digneis criar em nós um espírito novo e um coração puro, *nós vos rogamos, ouvi-nos.*

Para que vos digneis conceder-nos verdadeira paz e tranquilidade do coração, *nós vos rogamos, ouvi-nos.*

Para que vos digneis fazer-nos dignos e fortes, para suportar as perseguições pela justiça, *nós vos rogamos, ouvi-nos.*

Para que vos digneis confirmar-nos em vossa graça, *nós vos rogamos, ouvi-nos.*

Para que vos digneis receber-nos no número dos vossos eleitos, *nós vos rogamos, ouvi-nos.*

Para que vos digneis ouvir-nos, *nós vos rogamos, ouvi-nos.*

Espírito de Deus, *nós vos rogamos, ouvi-nos.*

Cordeiro de Deus que tirais o pecado do mundo, *enviai-nos o Espírito Santo.*

Cordeiro de Deus que tirais o pecado do mundo, *mandai-nos o Espírito prometido do Pai.*

Cordeiro de Deus que tirais o pecado do mundo, *dai-nos o Espírito bom.*

Espírito Santo, *ouvi-nos.*

Espírito consolador, *atendei-nos.*

**V.** Enviai, Senhor, o vosso Espírito, e tudo será criado,

**R.** *E renovareis a face da terra.*

Oremos. Deus, que instruístes os corações dos vossos fiéis com a luz do Espírito Santo, fazei que apreciemos retamente todas as coisas segundo o mesmo Espírito e gozemos sempre da sua consolação. Por Cristo, nosso Senhor.

Amém.

## Jesus Manso e Humilde

Jesus Manso e Humilde de coração,
Fazei o nosso coração semelhante ao Vosso!

"Tomai sobre vós o meu jugo e aprendei de mim, porque sou manso e humilde de coração, e encontrareis descanso para vossas almas, pois meu jugo é suave e meu fardo é leve." (*Mt 11,29-30*)

# ~ Anexo II ~

## Devoção ao Sagrado Coração de Jesus & o Imaculado Coração de Maria

### Devoção ao Sagrado Coração de Jesus*

A Solenidade do Sagrado Coração de Jesus foi instituída em 1856 pelo Papa Pio IX, quase 200 anos após as aparições de Jesus a Santa Margarida Maria Alacoque, uma monja do Mosteiro da Visitação, na França, que teve experiências místicas entre 1673 e 1675. Jesus lhe apareceu três vezes e, em uma das ocasiões disse: "Vede Margarida, o coração que tanto amou o mundo e que recebe tanto desprezo". A solenidade é festejada, todos os anos, na sexta-feira da semana seguinte à Festa de *Corpus Christi*.

Santa Margarida se encarregou de divulgar os desejos do Coração de Jesus. E com a ajuda de seu diretor espiritual, que hoje é santo, São Cláudio de la Colombiere, pôde discernir as aparições e as mensagens que recebeu de Jesus.

Embora a data da solenidade seja móvel, sempre acontece em junho, e como é costume no Brasil acontecer os meses temáticos, junho ficou dedicado ao Sagrado Coração de Jesus.

**Forma de devoção ao Coração de Jesus**

Entre as formas de devoção divulgadas por Santa Margarida, as principais são: a "Hora de Presença" e "As Doze Promessas do Sagrado Coração de Jesus".

A "Hora de Presença" é divulgada ainda hoje pelas religiosas visitandinas. Cada pessoa escolhe, durante o seu dia, uma hora para fazer sua oração, seja na sua própria casa, na Igreja, onde for, como forma de se conectar ao Coração de Jesus.

"As Doze Promessas" são um resumo do pensamento de Santa Margarida feito posteriormente por um sacerdote. Entre as promessas está "a primeira sexta-feira", que é a mais conhecida:

~ 155 ~

Na Igreja, com a adoração ao Santíssimo Sacramento, a bênção do Santíssimo, a confissão e comunhão reparadora nas primeiras sextas-feiras de cada mês.

Também há a "entronização da imagem do Sagrado Coração de Jesus e do Imaculado Coração de Maria" nas casas, ou seja, a consagração das famílias ao Coração de Jesus.

Estas são as formas mais conhecidas. Geralmente no Brasil, também tem-se o costume de fazer a coroação da imagem do Sagrado Coração de Jesus no dia da solenidade. Uma forma prática de viver bem esta devoção seria rezar várias vezes ao longo do dia a jaculatória: "Jesus, manso e humilde de coração, fazei o nosso coração semelhante ao Vosso"[5].

### As Doze Promessas do Sagrado Coração de Jesus

A devoção ao Sagrado Coração de um modo visível aparece em dois acontecimentos fortes do Evangelho: no gesto de São João, discípulo amado, encostando a sua cabeça em Jesus durante a Última Ceia (cf. *Jo 13,23*); e, na cruz, onde o soldado abriu o lado de Jesus com uma lança (cf. *Jo 19,34*).

Num acontecimento, temos o consolo de Cristo pela dor na véspera de Sua morte. No outro, o sofrimento causado pelos pecados da humanidade. Esses dois exemplos do Evangelho nos ajudam a entender o apelo de Jesus feito, em 1675, a Santa Margarida:

"Eis este coração que tanto tem amado os homens. Não recebo da maior parte senão ingratidões, desprezos, ultrajes, sacrilégios e indiferenças. Eis que te peço que a primeira sexta-feira depois da oitava do Santíssimo Sacramento (Corpo de Deus) seja dedicada a uma festa especial para honrar o Meu coração, comungando, neste dia, e dando-lhe a devida reparação por meio de um ato de desagravo para reparar as indignidades que recebeu durante o tempo em que esteve exposto sobre os altares. Prometo-te que o Meu Coração se dilatará para derramar com abundância as influências de Seu divino amor sobre os que tributem essa divina honra e que procurem que ela lhe seja prestada".

---

[5] Adaptação de texto publicado em: noticias.cancaonova.com. Acesso em: 3 fev. 2025.

## São João Paulo II e a devoção ao Sagrado Coração de Jesus

São João Paulo II sempre cultivou essa devoção e sempre a incentivou a todos que desejam crescer na amizade com Jesus. Em 1980, no dia do Sagrado Coração, ele afirmou: "Na solenidade do Sagrado Coração de Jesus, a liturgia da Igreja concentra-se, com adoração e amor especial, em torno do mistério do Coração de Cristo. Quero, hoje, dirigir, juntamente convosco, o olhar dos nossos corações para o mistério desse coração. Ele falou-me desde a minha juventude. A cada ano, volto a esse mistério no ritmo litúrgico do tempo da Igreja".

## As Doze Promessas do Sagrado Coração de Jesus a Santa Margarida são:

**1ª Promessa**: "A minha bênção permanecerá sobre as casas em que se achar exposta e venerada a imagem de Meu Sagrado Coração".

**2ª Promessa**: "Eu darei aos devotos de Meu Coração todas as graças necessárias a seu estado".

**3ª Promessa**: "Estabelecerei e conservarei a paz em suas famílias".

**4ª Promessa**: "Eu os consolarei em todas as suas aflições".

**5ª Promessa**: "Serei refúgio seguro na vida e principalmente na hora da morte".

**6ª Promessa**: "Lançarei bênçãos abundantes sobre os seus trabalhos e empreendimentos".

**7ª Promessa**: "Os pecadores encontrarão, em meu Coração, fonte inesgotável de misericórdias".

**8ª Promessa**: "As almas tíbias tornar-se-ão fervorosas pela prática dessa devoção".

**9ª Promessa**: "As almas fervorosas subirão, em pouco tempo, a uma alta perfeição".

**10ª Promessa**: "Darei aos sacerdotes que praticarem especialmente essa devoção o poder de tocar os corações mais endurecidos".

**11ª Promessa**: "As pessoas que propagarem esta devoção terão o seu nome inscrito para sempre no Meu Coração".

**12ª Promessa**: "A todos os que comunguem, nas primeiras sextas-feiras de nove meses consecutivos, darei a graça da perseverança final e da salvação eterna".

## Ladainha do Sagrado Coração de Jesus

Senhor, tende piedade de nós.
Jesus Cristo, tende piedade de nós.
Senhor, tende piedade de nós.

Jesus Cristo, ouvi-nos.
Jesus Cristo, atendei-nos.

Pai celeste, que sois Deus, *tende piedade de nós.*
Filho, Redentor do mundo, que sois Deus, *tende piedade de nós.*
Espírito Santo, que sois Deus, *tende piedade de nós.*
Santíssima Trindade, que sois um só Deus, *tende piedade de nós.*

Coração de Jesus, Filho do Pai eterno, *tende piedade de nós.*
Coração de Jesus, formado pelo Espírito Santo no seio da Virgem Mãe, *tende piedade de nós.*
Coração de Jesus, unido substancialmente ao Verbo de Deus, *tende piedade de nós.*
Coração de Jesus, de majestade infinita, *tende piedade de nós.*
Coração de Jesus, templo santo de Deus, *tende piedade de nós.*
Coração de Jesus, tabernáculo do Altíssimo, *tende piedade de nós.*
Coração de Jesus, casa de Deus e porta do Céu, *tende piedade de nós.*
Coração de Jesus, fornalha ardente de caridade, *tende piedade de nós.*
Coração de Jesus, receptáculo de justiça e de amor, *tende piedade de nós.*
Coração de Jesus, cheio de bondade e de amor, *tende piedade de nós.*
Coração de Jesus, abismo de todas as virtudes, *tende piedade de nós.*
Coração de Jesus, digníssimo de todo o louvor, *tende piedade de nós.*
Coração de Jesus, Rei e centro de todos os corações, *tende piedade de nós.*
Coração de Jesus, no qual estão todos os tesouros da sabedoria e ciência, *tende piedade de nós.*
Coração de Jesus, no qual habita toda a plenitude da divindade, *tende piedade de nós.*

Coração de Jesus, no qual o Pai põe todas as suas complacências, *tende piedade de nós.*

Coração de Jesus, de cuja plenitude todos nós participamos, *tende piedade de nós.*

Coração de Jesus, desejado das colinas eternas, *tende piedade de nós.*

Coração de Jesus, paciente e de muita misericórdia, *tende piedade de nós.*

Coração de Jesus, rico para todos que vos invocam, *tende piedade de nós.*

Coração de Jesus, fonte de vida e santidade, *tende piedade de nós.*

Coração de Jesus, propiciação por nossos pecados, *tende piedade de nós.*

Coração de Jesus, saturado de opróbrios, *tende piedade de nós.*

Coração de Jesus, esmagado de dor por causa dos nossos pecados, *tende piedade de nós.*

Coração de Jesus, feito obediente até a morte, *tende piedade de nós.*

Coração de Jesus, transpassado pela lança, *tende piedade de nós.*

Coração de Jesus, fonte de toda consolação, *tende piedade de nós.*

Coração de Jesus, nossa vida e ressurreição, *tende piedade de nós.*

Coração de Jesus, nossa paz e reconciliação, *tende piedade de nós.*

Coração de Jesus, vítima dos pecadores, *tende piedade de nós.*

Coração de Jesus, salvação dos que em vós esperam, *tende piedade de nós.*

Coração de Jesus, esperança dos que morrem em vós, *tende piedade de nós.*

Coração de Jesus, delícias de todos os santos, *tende piedade de nós.*

Cordeiro de Deus, que tirais os pecados do mundo, *perdoai-nos, Senhor.*

Cordeiro de Deus, que tirais os pecados do mundo, *ouvi-nos, Senhor.*

Cordeiro de Deus, que tirais os pecados do mundo, *tende piedade de nós, Senhor.*

V. Jesus, manso e humilde de coração,
R. *Fazei o nosso coração semelhante ao vosso.*

*Oremos:*

Deus eterno e todo-poderoso, olhai para o Coração do vosso diletíssimo Filho e para os louvores e satisfações que Ele, em nome dos pecadores, vos tem tributado; e, deixando-vos aplacar, perdoai aos que imploram a vossa misericórdia, em nome de vosso mesmo Filho, Jesus Cristo, que convosco vive e reina na unidade do Espírito Santo.

Amém.

## *Devoção ao Imaculado Coração de Maria*[6]

A revelação da devoção reparadora ao Imaculado Coração começou na segunda aparição da Santíssima Virgem Maria, em 13 de junho de 1917, em Fátima, Portugal, aos pastorinhos: Lúcia, Francisco e Jacinta. A Virgem Maria disse à pequena Lúcia, a mais velha dos três pastorinhos: "Ele [Jesus] quer estabelecer no mundo a devoção do meu Imaculado Coração". Logo após ouvir essas palavras, os pastorinhos viram Nossa Senhora com um coração na mão, cercado de espinhos. As três crianças compreenderam que aquele era o Coração Imaculado da Santíssima Virgem, ofendido pelos pecados da humanidade, que necessitavam de reparação.

Na aparição seguinte, no dia 13 de julho, Nossa Senhora concedeu às três crianças uma experiência extraordinária! Elas viram, no inferno, os demônios e as almas dos condenados, que gritavam e gemiam de dor e desespero. Depois de dar-lhes essa visão assustadora, disse aos pastorinhos: "Vistes o inferno, para onde vão as almas dos pobres pecadores; para as salvar, Deus quer estabelecer no mundo a devoção a Meu Imaculado Coração". No entanto, a Virgem não revelou como deveríamos fazer essa reparação, mas disse que voltaria para pedir essa devoção reparadora.

Sete anos depois, no dia 10 de dezembro de 1925, em Pontevedra, na Espanha, a Santíssima Virgem revelou à então postulante Lúcia a devoção reparadora dos cinco primeiros sábados. Entretanto, somente dois anos mais tarde, em dezembro de 1927, por ordem de seu confessor, Lúcia deu a conhecer as palavras de Nossa Senhora: "Olha, minha filha, o Meu Coração cercado de espinhos, que os homens ingratos a todos

---

[6] O texto aqui publicado encontra-se disponível em: https://formacao.cancaonova.com/nossa-senhora/devocao-nossasenhora/a-devocao-ao-imaculado-coracao-de-maria/. Acesso em: 3 fev. 2025.

os momentos Me cravam com blasfêmias e ingratidões. Tu, ao menos, vê de Me consolar, e dize que todos aqueles que, durante cinco meses, no primeiro sábado, confessarem-se, recebendo a Sagrada Comunhão, rezarem um Terço, e Me fizerem quinze minutos de companhia, meditando nos quinze mistérios do Rosário, com o fim de me desagravar, Eu prometo assistir-lhes, na hora da morte com todas as graças necessárias para a salvação dessas almas".

## Origem da devoção ao Imaculado Coração de Maria

A memória litúrgica do Imaculado Coração de Maria é comemorada no sábado seguinte à solenidade do Sagrado Coração de Jesus, celebrada na segunda sexta-feira depois da solenidade de *Corpus Christi*. No entanto, a devoção ao Imaculado Coração de Maria remonta aos inícios da Igreja, pois tem suas raízes mais profundas nas Sagradas Escrituras. Nelas, encontramos referências ao Imaculado Coração no Evangelho segundo São Lucas, o "pintor" da Santíssima Virgem: "Maria conservava todas estas palavras, meditando-as no seu coração" (*Lc 2,19*). "Em seguida, desceu com eles a Nazaré e lhes era submisso. Sua mãe guardava todas estas coisas no seu coração" (*Lc 2,51*).

A semente do Evangelho, plantada pelos apóstolos e discípulos de Jesus Cristo, germinou na doutrina dos Santos Padres e desenvolveu-se com os teólogos e místicos da Idade Média. Nos séculos seguintes, surgiram outros grandes devotos do Imaculado Coração de Maria, bem como do Coração de Jesus, como São Bernardo, Santa Gertrudes, Santa Brígida, São Bernardino de Sena e São João Eudes. Este último foi o maior apóstolo da devoção ao Coração de Maria. Em 1648, o Padre João Eudes obteve do Bispo de Autun, na França, a aprovação da celebração da festa.

A Santa Sé mostrou-se favorável ao culto ao Imaculado Coração no início do século XIX. Em 1805, o Papa Pio VII concedeu a autorização para a celebração da festa às dioceses e às congregações religiosas que lhe pediam. No ano de 1855, o Papa Pio IX aprovou a Missa e o Ofício próprios do Imaculado Coração de Maria. Durante a Segunda Guerra Mundial, em 8 de dezembro de 1942, na Solenidade da Imaculada Conceição, o Papa Pio XII consagrou a Igreja e todo o gênero humano ao Coração Imaculado de Maria e, três anos depois, estendeu a festa do Imaculado Coração de Maria para toda a Igreja Católica.

A partir das aparições de Nossa Senhora, em Fátima, a devoção ao Imaculado Coração de Maria ganha ainda mais força, especialmente na devoção particular dos fiéis, como aconteceu com a devoção ao Sagrado Coração de Jesus. A esse respeito, escreveu o Cardeal Patriarca de Lisboa, Dom Manuel Gonçalves Cerejeira: "A missão especial de Fátima é a difusão no mundo do culto ao Imaculado Coração de Maria. À medida que a perspectiva do tempo nos permitir julgar melhor os acontecimentos de que fomos testemunhas, estou certo que melhor se verá que Fátima será, para o culto do Coração de Maria, o que Paray-le-Monial foi para o Coração o de Jesus".

**A consagração dos sábados e a devoção ao Imaculado Coração de Maria**

A consagração dos sábados à Virgem Maria não é nenhuma novidade na Igreja. Todavia, o pedido dessa devoção por Nossa Senhora foi uma magnífica confirmação dos Céus de uma antiga piedade mariana. O sábado, como dia especialmente consagrado à Virgem Maria, é uma tradição que tem sua origem muito provavelmente nos primeiros séculos da Igreja. "A presença da Missa de Nossa Senhora nos Sábados, no missal romano de São Pio V, de 1570, mostra a antiguidade dessa prática, que consiste em honrar especialmente a Santa Mãe de Deus nesse dia da semana".

Apoiados nesta bela e piedosa tradição da Igreja, os membros das confrarias do Rosário consagravam especialmente a Santíssima Virgem 15 sábados consecutivos de cada ano litúrgico. Durante esses sábados, "eles se aproximavam dos sacramentos e cumpriam exercícios de piedade particulares em honra dos quinze mistérios do santo Rosário. Em 1889, o Papa Leão XIII concedeu a todos os fiéis uma indulgência plenária a ser ganha durante um desses quinze sábados". Entretanto, foi com o grande Papa São Pio X que a devoção dos primeiros sábados foi aprovada e encorajada pela Santa Sé que, em 10 de julho de 1905, indulgenciou, pela primeira vez, essa devoção mariana. Em 13 de junho de 1912, São Pio X concedeu "indulgência plenária, aplicável às almas dos defuntos, no primeiro sábado de cada mês, por todos aqueles que, nesse dia, se confessarem, comungarem, cumprirem exercícios particulares de devoção em honra da bem-aventurada Virgem Maria, em espírito de reparação".

Por desígnio da Divina Providência, cinco anos depois, na mesma data, aconteceu a "segunda aparição de Nossa Senhora em Fátima, durante a qual os três pastorinhos testemunharam a primeira grande manifestação do Imaculado Coração da Virgem Maria, vendo-o 'cercado de espinhos que pareciam enterrados nele. Compreendemos que era o Imaculado Coração de Maria ultrajado pelos pecados da humanidade que queria reparação'". Os termos usados pelo Papa São Pio X são quase exatamente os mesmos do pedido de Nossa Senhora a Irmã Lúcia, principalmente no que diz respeito "à extrema importância da intenção reparadora, única capaz de afastar e apaziguar a cólera de Deus".

Depois de conhecer um pouco mais a história da Igreja, percebemos que, em Fátima e em Pontevedra, a Virgem Maria não é inovadora, mas nos deu uma confirmação do Céu e um novo impulso à devoção dos primeiros sábados, unindo-a com a devoção ao seu Imaculado Coração.

### Por que cinco sábados em reparação ao Imaculado Coração?[7]

Em 1930, padre José Bernardo Gonçalves, então confessor da Irmã Lúcia, intrigado com a devoção dos cinco primeiros sábados em reparação ao Imaculado Coração de Maria, perguntou à Irmã: "Por que hão de ser 'cinco sábados' e não nove ou sete em honra das dores de Nossa Senhora?" Mas Lúcia não soube responder à pergunta do confessor.

Irmã Lúcia não sabia o que fazer ou dizer, até que, durante uma de suas orações, na noite do dia 29 para 30 de maio de 1930, nosso Senhor Jesus Cristo revelou a ela a razão da devoção dos cinco primeiros sábados: "Minha filha, o motivo é simples: são cinco as espécies de ofensas e blasfêmias contra o Imaculado Coração de Maria:

- as blasfêmias contra a Imaculada Conceição;
- contra a Sua virgindade;
- contra a Maternidade Divina, recusando, ao mesmo tempo, recebê-La como Mãe dos homens;
- os que procuram publicamente infundir, nos corações das crianças, a indiferença, o desprezo e até o ódio para com esta Imaculada Mãe;

---

[7] O texto aqui publicado encontra-se disponível em: https://formacao.cancaonova.com/nossa-senhora/devocao-nossasenhora/a-devocao-ao-imaculado-coracao-de-maria/. Acesso em: 3 fev. 2025.

- os que a ultrajam diretamente nas suas sagradas imagens.

Eis, minha filha, o motivo pelo qual o Imaculado Coração de Maria Me levou a pedir essa pequena reparação; e, em atenção a ela, mover a minha misericórdia ao perdão para com essas almas que tiveram a desgraça de a ofender".

A primeira ofensa é a negação do dogma da Imaculada Conceição, promulgado pelo Papa Pio IX em 8 de dezembro de 1854.

A segunda, a negação da Doutrina Católica a respeito da virgindade perpétua de Nossa Senhora. São opositores dessa verdade as pessoas que negam que a concepção e o parto de Jesus não foram virginais, e que a Mãe de Deus não conservou a virgindade depois do parto, bem como aquelas que dizem que a Santíssima Virgem teve mais filhos além de Jesus.

A terceira, a negação da maternidade divina e espiritual da Virgem Maria, declarada no III Concílio de Constantinopla, no ano de 680. Nossa Senhora é Mãe de Deus e, ao mesmo tempo, Mãe espiritual dos homens, pela sua participação no mistério da Redenção de toda a humanidade.

A quarta, é o ódio para com a Santíssima Virgem Maria colocado, à força de falsas doutrinas, injúrias e blasfêmias, no coração das crianças. Desde o século passado, "a ideologia marxista-comunista procurou eliminar todos os vestígios de religião, a começar pelas crianças. [...] Ensinava-se às crianças o racionalismo puro e, além disso, em certa nação, os pequeninos aprendiam 'ladainhas' de injúrias contra a Mãe de Deus".

A quinta é o desrespeito para com as sagradas imagens de Nossa Senhora. Como outrora, não é raro, em nossos dias, o ultraje, o sacrilégio, o vandalismo, a destruição das imagens da Virgem Maria, principalmente quando estão expostas em locais públicos. Além disso, as pessoas que tiram as suas imagens das igrejas e capelas, ou as reduzem ao mínimo, ofendem também o Coração Imaculado da Santíssima Virgem e contrariam o que foi dito no Concílio Vaticano II a respeito das imagens sacras: "Observem religiosamente aquelas coisas que nos tempos passados foram decretadas acerca do culto das imagens de Cristo, da Bem-aventurada Virgem e dos Santos", ou seja, devemos zelar pela tradicional e salutar devoção às sagradas imagens.

### Como praticar a devoção dos cinco primeiros sábados

A própria Virgem Maria nos ensinou a praticar a devoção reparadora das ofensas ao seu Imaculado Coração. Para praticar perfeitamente essa devoção, devemos —durante cinco primeiros sábados de cinco meses seguidos, na intenção geral de reparar nossos próprios pecados e os de toda a humanidade contra o Coração Imaculado de Maria —realizar quatro atos de piedade:

1. **A Confissão**: devemos confessar preferencialmente no primeiro sábado. Caso seja impossível, ou muito difícil, podemos confessar com até oito dias ou mais de antecedência. Todavia, recordamos que é necessário estar em estado de graça no primeiro sábado do mês, a fim de fazer comunhão reparadora. Na confissão, é indispensável a intenção de reparar as ofensas contra o Imaculado Coração de Maria. Essa intenção reparadora não precisa ser dita ao confessor, mas apenas colocada mentalmente diante de Deus antes da confissão. Jesus Cristo disse à Irmã Lúcia que, se esquecermos da intenção reparadora, podemos colocar essa intenção na confissão seguinte, aproveitando a primeira ocasião que tivermos para nos confessar;

2. **O Terço**: a tradicional oração do Terço mariano também faz parte da devoção dos cinco primeiros sábados, que deve ser rezado na intenção da reparação do Imaculado Coração da Santíssima Virgem;

3. **Os 15 minutos de meditação dos mistérios do Rosário**: Nossa Senhora pediu que fizéssemos companhia a ela durante pelo menos 15 minutos, meditando sobre os 15 mistérios do Rosário, na intenção da reparação ao seu Imaculado Coração. Essa meditação não precisa ser de todos os 15 ou 20 mistérios do Rosário. Podemos meditar apenas um, dois, três ou mais mistérios, conforme a nossa escolha. Outra opção é a meditação dos mistérios do Rosário conforme o tempo litúrgico. Por exemplo: no tempo do Advento, podemos meditar os mistérios Gozosos; no tempo da Quaresma, os Mistérios Dolorosos; no Tempo Pascal, os Mistérios Gloriosos; no Tempo Comum, podemos meditar aqueles mistérios que mais dizem respeito à Liturgia do dia ou do domingo;

4. **A comunhão**: é um ato essencial da devoção reparadora ao Imaculado Coração de Maria. Para compreender bem a sua importância, lembremos que a devoção da comunhão das nove primeiras sextas-feiras tem como intenção a reparação das ofensas contra o Sagrado Coração de Jesus. Recordemos também que a comunhão milagrosa, dada aos três pastorinhos de Fátima pelo Anjo da Guarda de Portugal, no outono de 1916, teve um caráter eminentemente reparador. Essa intenção evidencia-se na oração ensinada pelo Anjo da Paz, repetida seis vezes, três vezes antes e três vezes depois da comunhão:

**Santíssima Trindade, Pai, Filho e Espírito Santo, eu vos adoro profundamente e vos ofereço o preciosíssimo Corpo, Sangue, Alma e Divindade de Jesus Cristo, presente em todos os sacrários da Terra, em reparação dos ultrajes, sacrilégios e indiferenças com que Ele mesmo é ofendido; e pelos méritos infinitos de seu Sacratíssimo Coração e do Imaculado Coração de Maria, peço-vos a conversão dos pobres pecadores.**

Como nos casos acima, a intenção reparadora na devoção dos cinco primeiros sábados é muito importante, porque as ofensas contra o Imaculado Coração de Maria também ofendem gravemente o Sacratíssimo Coração de Jesus. Essa devoção reparadora, como um todo, pode ser também feita no domingo seguinte ao primeiro sábado, desde que seja por motivos justos e autorizado por um padre.

### O poder e a eficácia sobrenaturais da devoção ao Imaculado Coração de Maria

Assim, a devoção ao Imaculado Coração, praticada nos primeiros sábados em reparação das ofensas cometidas contra a Virgem Maria, foi-nos revelada para salvação de muitas almas do inferno, pois, cada vez mais, em nosso tempo, multiplicam-se os ataques contra a dignidade, os privilégios, as honras devidas a Nossa Senhora. Além disso, há uma diminuição considerável do culto mariano em quase toda a Igreja, em consequência principalmente dos erros espalhados pelo comunismo no mundo todo.

Sendo este o estado das coisas em nossos dias, a impiedade de muitos para com a Santíssima Virgem é ainda pior do que outrora. Por isso, certamente é mais do que essencial a intenção reparadora de nossa prática da devoção dos cinco primeiros sábados. Reparemos as ofensas cometidas contra o Imaculado Coração de Maria, tão ultrajado pela ingratidão dos homens, através da devoção que ela mesma nos indicou.

Em carta a Dom Manuel Maria Ferreira da Silva, Arcebispo titular de Gurza, escrita em 27 de maio de 1943, Irmã Lúcia nos ajuda a compreender o poder e a eficácia sobrenaturais da devoção ao Imaculado Coração de Maria: "'Os Santíssimos corações de Jesus e Maria amam e desejam este culto [para com o Coração de Maria], porque dele se servem para atrair todas as almas a eles, e isso é tudo o que desejam: salvar as almas, muitas almas, todas as almas'. Nosso Senhor me dizia há alguns dias: 'Desejo ardentemente a propagação do culto e da devoção ao Coração de Maria, porque este Coração é o ímã que atrai as almas para mim, a fornalha que irradia na terra os raios de minha luz e de meu amor, fonte inesgotável de onde brota na terra a água viva de minha misericórdia'". Com a certeza desta eficácia sobrenatural, peçamos à Mãe de Deus, com insistência e perseverança, as boas disposições de nossa alma para bem praticar a devoção dos cinco primeiros sábados.

Imaculado Coração de Maria, rogai por nós!

## Ato de Desagravo e Consagração a Nossa Senhora

Virgem Santíssima e Mãe nossa querida, ao mostrardes o Vosso Coração cercado de espinhos, símbolo das blasfêmias e ingratidões com que os homens ingratos pagam as finezas do vosso amor, pedistes que vos consolássemos e desagravássemos.

Como filhos, nós queremos vos amar e consolar sempre; mas hoje especialmente, ao ouvir as vossas amargas queixas, desejamos desagravar o vosso doloroso e Imaculado Coração que a maldade dos homens fere com os duros espinhos dos seus pecados.

De modo especial vos queremos desagravar das injúrias sacrilegamente proferidas contra a vossa Conceição Imaculada e Santa Virgindade.

Muitos, Senhora, negam que sejais Mãe de Deus e nem vos querem aceitar como terna mãe dos homens. Outros, não vos podendo ultrajar diretamente, descarregam nas vossas sagradas imagens a sua cólera satânica. Nem faltam também aqueles que procuram infundir nos corações, sobretudo nas crianças inocentes, que são o vosso encanto, indiferença, desprezo e até ódio contra Vós.

Virgem Santíssima, aqui prostrados aos vossos pés, vos mostramos a pena que sentimos por todas estas ofensas e prometemos reparar com os nossos sacrifícios, comunhões e orações tantos pecados e ofensas destes vossos filhos ingratos.

Reconhecendo que também nós nem sempre correspondemos às vossas predileções, nem vos honramos e amamos como Mãe, mas antes entristecemos o vosso Coração e o do vosso divino Filho, suplicamos para os nossos pecados misericordioso perdão.

Para todos quantos são vossos filhos e particularmente para nós, que queremos amar-vos como mãe muito querida e nos consagrarmos inteiramente ao vosso Coração Imaculado, seja-nos ele o refúgio nas angústias e tentações da vida e o caminho que nos conduza até Deus, que esperamos gozar eternamente no Céu. Amém.

# ~ Anexo III ~

## Preparação Para Uma Boa Confissão

1. *Orações para infundir na alma o arrependimento necessário para a confissão:*
— Em nome do Pai, do Filho, e do Espírito Santo, Amém.

   a. Vinde, Espírito Santo, e enchei os corações dos vossos fiéis, e acendei neles o fogo do vosso amor. Enviai, Senhor o vosso Espírito, e tudo será Criado, e renovareis a face da terra.

   Ó, Deus, que instruístes os vossos fiéis, com a luz do Espírito Santo, fazei que apreciemos retamente todas as coisas, e gozemos sempre da sua consolação, por Cristo, Senhor nosso, Amém.

   b. Pai Nosso, Ave Maria e Glória ao Pai

   Ó, meu Jesus, livrai-nos do fogo do inferno, levai as almas todas para o céu, principalmente as que mais precisarem!

   c. *Salmo 50* — também conhecido como "Miserere" (*que quer dizer "tem piedade", que é a primeira palavra do Salmo*).

      1. Ao mestre de canto. Salmo de Davi.
      2. Quando o profeta Natã foi encontrá-lo, após o pecado com Betsabé.
      3. Tende piedade de mim, ó Deus, segundo a vossa bondade, e conforme a imensidade de vossa misericórdia, apagai a minha iniquidade.
      4. Lavai-me totalmente de minha falta, e purificai-me do meu pecado.
      5. Eu reconheço a minha iniquidade, diante de vós está sempre o meu pecado.
      6. Só contra vós pequei, o que é mau fiz diante de vós. Vossa sentença assim se manifesta justa, e reto o vosso julgamento.
      7. Eis que nasci na culpa, minha mãe concebeu-me no pecado.

8. Não obstante, amas a sinceridade de coração; infunde-me, pois, a sabedoria no mais íntimo de mim.
9. Aspergi-me com um ramo e ficarei puro; lavai-me e me tornarei mais branco do que a neve.
10. Fazei-me ouvir uma palavra de gozo e de alegria, para que exultem os ossos que triturastes.
11. Dos meus pecados desviai os olhos, e minhas culpas todas apagai.
12. Ó meu Deus, criai em mim um coração puro, e renovai-me o espírito de firmeza.
13. De vossa face não me rejeiteis, e nem me priveis de vosso Santo Espírito.
14. Restituí-me a alegria da salvação, e sustentai-me com uma vontade generosa.
15. Então, aos maus ensinarei vossos caminhos, e voltarão a vós os pecadores.
16. Deus, ó Deus, livrai-me da pena deste sangue derramado; E a vossa misericórdia a minha língua exaltará.
17. Senhor, abri meus lábios, a fim de que minha boca anuncie os vossos louvores.
18. Vós não vos aplacais com sacrifícios rituais; e se eu vos oferecesse um sacrifício vós não aceitaríeis;
19. Meu sacrifício, ó Senhor, é um espírito contrito; um coração arrependido e humilhado, ó Deus, não haveis de desprezar.
20. Senhor, pela vossa bondade, tratai Sião com benevolência, reconstruí os muros de Jerusalém!
21. Então aceitareis os sacrifícios prescritos, as oferendas e os holocaustos; então, sobre o vosso altar vítimas vos serão oferecidas.

d. *Salmo 129* — também conhecido como *"De Profundis"* (*que quer dizer "do fundo", que é como começa o Salmo*).

1. Do fundo do abismo, clamo a vós, Senhor!

2. Senhor, ouvi minha oração; que vossos ouvidos estejam atentos à voz de minha súplica.

3. Se levardes em conta nossos pecados, Senhor, quem poderá permanecer diante de vós?

4. Mas em vós se encontra o perdão dos pecados, para que, reverentes, o sirvamos.

5. Ponho a minha esperança no Senhor. Minha alma tem confiança em sua palavra.

6. Minha alma espera pelo Senhor, mais ansiosa do que os vigias esperando a manhã;

7. Mais do que os vigias aguardam a manhã, Espere Israel pelo Senhor. Porque junto dele se acha a misericórdia; encontra-se nele copiosa redenção.

8. Ele mesmo há de remir Israel de todas as suas iniquidades.

2. *Condições para a boa confissão*

O conhecimento dos próprios pecados, sem o necessário arrependimento, em vez de diminuir, só aumenta a gravidade das nossas culpas. E arrepender-se sem pedir perdão agrava ainda mais o erro. É necessário reconhecer que erramos, arrepender-se dos erros, e pedir perdão por esses erros.

a. Exame de Consciência

(*Os mandamentos são uma exigência do amor. Deus nos pede para o amarmos e nos amarmos. Será que o fazemos?*)

1º Amando a Deus acima de tudo: Neguei a fé? Duvidei da existência de Deus? Escarneci da religião? Deixei de rezar por muito tempo? Declarei que o matrimônio, o sacerdócio, a confissão, a missa estão ultrapassados?

2º Não tomando o seu Santo Nome em vão: Cantei músicas blasfemas? Zombei da Igreja, das cerimônias religiosas ou de seus representantes? Falei mal do Santo Padre, o Papa? Acusei a Igreja de ser falsa, ou desonesta? Acusei Deus de injusto? Roguei pragas? Contei piadas em que Deus aparece como personagem, rindo d'Ele? Jurei em falso, ou à toa?

3º Guardando os dias santificados: Passei o Domingo na frente da televisão? Faltei na missa nesse mesmo dia? Fiz piada com a santa missa? Disse que "já assisti a missas que chega"? Fui à missa para "cumprir a obrigação"? Dediquei uma parte do meu tempo a Deus, lendo a Bíblia e rezando?

4º Honrando pai e mãe: Fui desobediente aos pais, autoridades ou superiores? Desejei-lhes algum mal, talvez a morte? Obedeci-lhes em coisas contrárias à lei de Deus? Negligenciei como pai e mãe ou irmão mais velho, os deveres de educação e instrução religiosa?

5º Não matando: Tive ódio? Recusei o perdão a quem me pediu? Desejei a morte para mim ou para outros? Ensinei a praticar pecados? Seduzi alguém ao pecado? Defendi o assassínio de bebês através do aborto? Desejei a guerra, ou me entusiasmei por ela? Falei que "a terra tá cheia demais, e precisa mesmo morrer gente"?

6º Guardando a castidade e 9º Não cobiçando a mulher (ou marido) do próximo: Tenho visto revistas e filmes pornográficos? Faço ou aprovo o sexo sem o matrimônio ou fora do matrimônio? Defendi ou propaguei a sua leitura? Acaso me divirto observando na rua o corpo das pessoas, e fazendo gracejos com elas, ou em conversas indecentes sobre as pessoas que passam? Tenho me vestido de maneira sensual? Provoquei os outros com meu comportamento? Fiz intriga para acabar namoros ou casamentos que eu não aprovava, ou cobiçava? Aprovo a prostituição? Sou promíscuo? Zombei da virgindade de alguém? Me envergonhei da minha virgindade, rejeitando-a?

7º Não roubando; 10º Não cobiçando as coisas alheias: Prejudiquei alguém ou tive desejo de prejudicar, enganando no troco, nos pesos e nas medidas, ou roubando? Fiz dívidas desnecessárias à subsistência? Paguei as minhas dívidas? Comprei bebidas ou cigarros a fiado, sem ter como pagar? Gastei meu salário com outras coisas, faltando em casa para a comida? Recusei a dar esmolas, nem que seja de comida? Roubei de Deus o dinheiro que devia dar a Ele para o sustento da Igreja? Deixei de devolver algo que não me pertence? Paguei com justiça os meus empregados?

8º Não mentindo: Falei mal dos outros pelas costas? Fui fiel à verdade ao comentar acontecimentos passados? Exagerei ou inventei qualidades para ganhar um emprego ou subir no emprego? Prejudiquei alguém com minhas palavras? Fiz alguém perder o emprego? Fiz juízo errado das pessoas? Duvidei da honestidade de alguém? Acusei algum mendigo ou pedinte de desonestidade? Revelei faltas ocultas dos outros? Ridicularizei ou humilhei alguém na frente dos outros? Fui fingido? Digo aos outros que sou católico, mas não frequento a Igreja? Caluniei os sacerdotes e religiosas?

b. Tenho sido um bom cristão?

*(Os mandamentos da lei de Deus nos mostram como evitar o caminho errado. E o caminho certo? Será que o seguimos?)*

Dando de comer a quem tem fome e de beber a quem tem sede: Dei esmolas em dinheiro ou comida para os pedintes? Ajudei os amigos, parentes ou vizinhos desempregados? Paguei um salário justo aos empregados? Tenho ajudado meus pais idosos com comida ou remédios?

Vestindo os que estão nus: Tenho roupas demais? Tenho o armário cheio de roupas e digo "não tenho o que vestir"? Me visto só com roupas da moda? Já dei uma roupa nova e bonita a alguém que precisava dela? O que faço com as roupas que me sobram?

Visitar os enfermos e cativos: Sou doador de sangue? Visito os meus parentes e amigos doentes? Sei se na minha rua tem alguém doente? Visito meus pais idosos?

Dar pousada aos peregrinos: Cobro um preço justo pelo aluguel? Expulsei um filho de casa? Recusei morada a algum parente? Ajudo os desabrigados nas enchentes e enxurradas? Tenho bons sentimentos para com os imigrantes de outras cidades e estados?

Remir os cativos e oprimidos: Ajudo os drogados a largarem o vício e os prostituídos a mudar de vida? Tenho vontade de ajudar a Igreja nas visitas que faz ao presídio, indo lá ou colaborando com doações?

Enterrar os mortos: Evito de ir a velórios e enterros? Vou só por obrigação social? Concedi um enterro cristão aos meus parentes, chamando um sacerdote?

Dar bons conselhos; ensinar aos ignorantes; consolar os aflitos: Tenho conversado com meus filhos, ensinando-os a moral cristã? Tenho ensinado eles ou os outros a não pecar, por amor a Deus? Tenho aconselhado os pais a batizarem os filhos, e os pecadores a se confessar? Aconselhei alguém a evitar o suicídio, ou a não usar drogas? Me ofereço para dar catequese? Perdoar as injúrias; sofrer com paciência as fraquezas do próximo; Corrigir os que erram: Tenho tido paciência com os erros dos outros? Tenho perdoado com facilidade a quem me ofendeu? Tenho alertado às pessoas de vida errada? Tenho alertado aos jovens promíscuos sobre o seu erro? Tenho corrigido meus filhos quando erram?

Rogar a Deus pelos vivos e pelos defuntos: Lembro dos meus parentes e amigos falecidos nas minhas orações? Quando rezo peço mais para mim do que para os outros? Rezo pelos problemas dos outros? Ofereço missas pelas necessidades dos vivos e pelas almas dos falecidos?

(*Anote o que você descobriu.*)

(*Faça agora uma lista do que você descobriu. Se você esqueceu algum pecado leve, será perdoado, basta que você se arrependa. Se você quiser, pode somente entregar a lista para o sacerdote, e depois dar fim nela, de preferência queimando-a.*)

c. Ato de contrição

"Senhor meu Jesus Cristo, Deus e homem verdadeiro, Criador e Redentor meu, por serdes vós quem sois, sumamente bom e digno de ser amado sobre todas as coisas, e porque vos amo e vos estimo, pesa-me, Senhor, de vos ter ofendido; e proponho firmemente, ajudado com os auxílios de vossa divina graça, emendar-me e nunca mais tornar a vos ofender; espero alcançar de vossa infinita misericórdia o perdão de minhas culpas. Amém".

d. Ato de fé, esperança e caridade

(*Quando pecamos, quebramos o laço de amor, confiança e esperança que nos liga com a parte ofendida e com Deus. Por isso, devemos renovar nosso amor, confiança e esperança em Deus.*)

"Meu Deus, eu vos amo acima de tudo, porque só vós sois bom. Creio em vós porque sois a própria verdade. Espero receber de vós a salvação e o perdão dos meus pecados, porque sei que só Vós sois bom e misericordioso. Amém".

3. *Depois da confissão*

*(Volte para o banco da Igreja, de preferência perto do altar, de onde possa ver o Sacrário onde está Jesus na Hóstia Santa, e a Cruz. Agradeça a Deus pelo dom da Salvação, pois hoje você ressuscitou com Cristo! Aleluia! Festa no céu para cada pecador que se converta!)*

   a. Agradeça rezando o Salmo 29

   1. Eu vos exaltarei, Senhor, porque me livrastes. Não permitistes que exultassem sobre mim meus inimigos!

   2. Senhor, meu Deus, clamei a vós e fui curado,

   3. Senhor, minha alma foi tirada por vós da habitação dos mortos, dentre os que descem para o túmulo vós me salvastes!

   4. Ó vós, fiéis do Senhor, cantai a sua glória; dai graças ao seu Santo Nome.

   5. Porque a sua indignação dura apenas um momento, enquanto sua benevolência é para toda a vida. Pela tarde vem o pranto, mas de manhã retorna a alegria.

   6. Eu, porém, disse, seguro de mim: "Não serei jamais abalado".

   7. Senhor, foi por favor que me destes honra e poder, mas quando escondestes vossa face, fiquei aterrado.

   8. A vós, Senhor, eu clamo, e imploro a misericórdia do meu Deus!

   9. Que proveito vos resultará de retomar-me a vida, de minha descida ao túmulo?

   10. Porventura vos louvará o meu pó? Apregoará ele a vossa fidelidade?

   11. Ouvi-me, Senhor, e tende piedade de mim; Senhor, vinde em minha ajuda.

   12. Vós convertestes o meu pranto em prazer, tirastes meus farrapos de penitência e me destes roupas de festa.

   13. Assim, minha alma vos louvará sem calar jamais. Senhor, meu Deus, eu vos bendirei eternamente.

*(Ore pelo Santo Padre, o Papa)*

Pai Nosso, Ave Maria e Glória ao Pai.

b. Ato de desagravo

*(O ato de desagravo é um tipo de oração para consolar a Deus pelos nossos pecados. As orações a seguir foram ensinadas pelo Anjo da Paz às crianças de Fátima, a quem apareceu Nossa Senhor. Reze na frente do sacrário da Igreja, onde está Jesus na Hóstia Santa.)*

Meu Deus, eu creio, adoro, espero e amo-vos!

E peço perdão por todos os que não creem, não adoram, não esperam e não vos amam! (3X)

Santíssima Trindade: Deus Pai, Filho e Espírito Santo, eu vos adoro profundamente, e vos ofereço o preciosíssimo Corpo, Sangue, Alma e Divindade de Jesus Cristo, presente em todos os Sacrários do mundo inteiro, em reparação pelas inúmeras ofensas, sacrilégios e indiferenças com que é todos os dias ofendido.

E pelos infinitos merecimentos do Seu Santíssimo Coração e do Coração Imaculado de Maria, peço-vos a conversão dos pobres pecadores! (3X)

c. Faça um firme propósito

*(Reze olhando para a cruz:)*

Jesus, tu fizeste tudo isto por mim, o que posso fazer por ti? (3x)

d. A disposição de fazer penitência

*Quando causamos prejuízo a alguém, não basta pedir desculpas. É preciso consertar o estrago. E para oferecer a Deus uma satisfação pelo mal que causamos, fazemos a penitência, especialmente na quaresma.*

*A penitência que mais agrada a Deus é que dividamos o nosso pão com o faminto, e que façamos "um jejum da língua", deixando de falar mal dos outros. O jejum e a esmola também são para Deus uma satisfação agradável por nossas culpas, pois nos desapega dos bens materiais.*

e. Oração a Jesus Crucificado

Eis-me aqui, meu bom e doce Jesus! De joelhos me prostro em tua Santa presença, e te suplico que te dignes a gravar em meu coração os mais vivos sentimentos de fé, esperança e caridade, verdadeiro arrependimento dos meus pecados e firme propósito de conversão, enquanto contemplo, com vivo afeto e dor, as tuas cinco chagas, tendo diante dos olhos o que o profeta Davi já dizia de ti, ó, meu bom Jesus: "Perfuraram minhas mãos e os meus pés, e posso contar todos os meus ossos".

*(Peça a benção de Deus e despeça-se, mas prometa voltar em breve.)*

Em nome do Pai, do Filho, e do Espírito Santo.

Amém.

# ~ Anexo IV ~

## Via Sacra

*Dom Carmo João Rhoden*
*Bispo Emérito de Taubaté (SP)*

*Textos inspiradores*: "Então, Jesus disse aos seus discípulos: 'Se alguém quiser vir em meu seguimento, renuncie a si mesmo, pegue sua cruz e siga-me'" (*Mt 16,24*). "Pois resolvi nada saber entre vós, a não ser Jesus Cristo, e este crucificado" (*1Co 2,2*). "Nós, porém, pregamos um Messias crucificado, escândalo para os judeus e loucura para os pagãos... Mas, para nós, Ele é o Cristo, poder de Deus e sabedoria de Deus" (*1Co 1,23-25*).

1º Ao falarmos da Via Sacra, não podemos desvinculá-la da cruz e nem esta, do amor de Cristo, por nós. Ele não nos salvou por decreto divino: encarnou-se. Assumiu nossa natureza humana, em tudo igual a nossa, menos no pecado. Jesus não brincou de salvar-nos. Mostrou-nos que, quem ama mesmo, vai até as últimas consequências: até a morte, na cruz ou por meio de outra forma, não excluso o martírio. A cruz mostrou toda a maldade do pecado: rejeição de Deus ou blasfêmia contra Ele. Jesus não foi obrigado pelo Pai a assumir cruz. Não foi um carrasco para o Filho. Foi e continua sendo Pai. Nossa salvação foi ato Trinitário. O crucificado foi Jesus Cristo, mas o ato salvífico foi das três pessoas trinitárias.

2º Jesus veio fundar o Reino de Deus. não uma empresa religiosa. Mandou obedecer ao Pai e evangelizar, peregrinando pelo mundo (*Mt 28,19-20*). Não prescreveu tudo, nos mínimos detalhes, mas enviou o Espírito Santo para completar Sua obra. Além disso, deixou Pedro como o Primaz (*Mt 16,18-19; Jo 21,15-19*). A organização da Igreja foi acontecendo aos poucos. Ademais, os apóstolos não eram intelectuais, mas pescadores, que se tornaram pastores. Mandou-os evangelizar e orar. Mais: pediu-lhes que fossem fiéis, até o fim. Foram.

3º *Via Sacra*. É um comovente exercício de piedade cristã. A cruz, instrumento imposto a Jesus, para nossa salvação, foi sendo, aos poucos, descoberta, em sua importância, pelos fiéis. A Via Sacra consiste então em, rezando, meditar os diversos passos da caminhada de Cristo, para o calvário. São 14 estações. Refazem de certo modo a caminhada de Jesus Cristo, do Pretório de Pilatos, até ao monte calvário, carregando nossa cruz. Participar da Via Sacra não deixa de ser um grande exercício de piedade cristã. Recordar é viver. Viver, como cristão, é seguir Jesus Cristo: e este crucificado. A Via Sacra é de modo especial, vivenciada na quaresma, como tempo de preparação para a Páscoa, o acontecimento maior do cristianismo (Ressurreição). O Papa a realiza na quarta-feira Santa, no coliseu de Roma.

4º É preciso, por isso, participar da Via Sacra, sem cair no dolorismo. Cristo sofreu e nós na vida sofreremos, querendo ou não. Não encontramos, apenas, cruzes em nossas rodovias, mas também em nossas próprias vidas. A pós-modernidade não gosta de refletir sobre a morte: a finitude humana. Por isso, constatamos, mormente na Europa, a presença do sentimento de angústia, quando não de desespero na existência. Nós cristãos, também, percebemos um mistério na realidade da morte, tal qual a experienciamos. Mas, para nós, ninguém chega à casa do Pai, sem passar pela morte. Não precisamos ter pressa de morrer, mas sim de entrarmos, mais profundamente, no mistério do sofrimento que circunda nossas vidas. Boas reflexões.

3.1 A devoção da Via Sacra nasceu na Idade Média. É veneração e não adoração da cruz e nem simples exaltação do sofrimento. A adoração se dirige a Cristo, que crucificado, morreu e ressuscitou. Essa devoção se estendeu à toda Igreja, no século XV. No século XVII, se fixou em 14 o número de estações. Nos tempos atuais, se acrescenta a 15ª: a Ressurreição. De fato, de nada teria adiantado Cristo morrer, se morrendo, não ressuscitasse. Não seguimos um vencido, um derrotado, mas um vencedor. Jesus não foi um mero sentenciado. Ele assumiu um programa: uma missão. Foi fiel.

## Via Sacra do Pai das Misericórdias

ORAÇÃO INICIAL:

Senhor, nosso Deus, Pai das Misericórdias e Deus de toda consolação, humildemente Vos pedimos a graça de meditar a Paixão de Vosso benditíssimo Filho, Nosso Senhor Jesus Cristo, que em tudo buscou fazer a Vossa santíssima vontade. Queremos, pela contemplação da via dolorosa, aprender que devemos ser gratos por termos um Pai misericordioso, que nos ama com infinito amor e que o expressa por intermédio de Jesus Cristo, nosso Salvador.

Pedimos, ainda, à Mãe da Misericórdia, que sofreu ao ver o Filho padecer, que se una aos nossos sofrimentos, para que, com sua intercessão, cheguemos à morada eterna. Amém!

## Primeira Estação

JESUS É CONDENADO À MORTE

Nós Vos adoramos, Senhor Jesus Cristo, e Vos bendizemos, porque pela Vossa santa Cruz remistes o mundo.

Jesus Cristo foi entregue nas mãos de homens cruéis, que O acusaram, agrediram e condenaram como um malfeitor. Nosso Senhor revelou a face misericordiosa do Pai e, infelizmente, recebeu como resposta a traição, a condenação. A crueldade do ser humano não está apenas na violência física, que hoje em dia não pode ser descartada, mas também em sua mente e em seu coração.

Pai das Misericórdias, tende piedade pelas vezes que condenei meu semelhante. Perdão pela minha posição de juiz(juíza) injusto(a), que apenas condena e se sente melhor que o outro. Misericórdia!

*Ao morrer crucificado*
*Teu Jesus é condenado*
*Por teus crimes, pecador*
*Por teus crimes, pecador*
*Pela virgem dolorosa*
*Vossa mãe tão piedosa*
*Perdoai, ó, meu Jesus, perdoai, ó, meu Jesus.*

**Rezar**: "Pai-Nosso", "Ave-Maria" e "Glória ao Pai".

## Segunda Estação

### JESUS LEVA A CRUZ

Nós Vos adoramos, Senhor Jesus Cristo, e Vos bendizemos, porque pela Vossa santa Cruz remistes o mundo.

Jesus recebe o madeiro, a Cruz. Com esse gesto, Ele agora nos mostra, não com palavras, mas com a própria vida, o que havia dito: devemos tomar a cruz de cada dia e segui-Lo. Sem reclamar, sem murmurar, Jesus assume a missão que recebeu do Pai, Ele entende que a Cruz não é um peso, e sim o meio de salvar a humanidade.

Hoje em dia, as pessoas fogem da cruz, não querem compromisso; a cruz ainda é vista negativamente como um símbolo do sofrimento, pois ninguém quer sofrer —a maioria quer vida fácil.

Pai misericordioso, Vós me ensinais, por intermédio de Vosso Filho Jesus, que devo tomar a cruz de cada dia, devo assumir a minha filiação divina e minhas limitações humanas; devo entender que a cruz e o sofrimento, muitas vezes, não são consequências do pecado ou um castigo, mas um instrumento para minha salvação. Senhor, tomo hoje a minha cruz, a cruz de hoje, e preciso carregá-la e enxergá-la com gratidão e esperança de salvação.

Amém!

*Com a cruz é carregado*
*E do peso, acabrunhado*
*Vai morrer por teu amor*
*Vai morrer por teu amor*
*Pela virgem dolorosa*
*Vossa mãe tão piedosa*
*Perdoai, ó, meu Jesus, perdoai, ó, meu Jesus.*

**Rezar:** "Pai-Nosso", "Ave-Maria" e "Glória ao Pai".

## Terceira Estação

### JESUS CAI PELA PRIMEIRA VEZ

Nós Vos adoramos, Senhor Jesus Cristo, e Vos bendizemos, porque pela Vossa santa Cruz remistes o mundo.

Jesus cai pela primeira vez. A Cruz do Senhor é pesada, as chicotadas são desumanas. Com o peso da Cruz e as chicotadas, a queda acaba sendo inevitável, pois o Senhor levava não apenas o peso e a dor, mas o mundo.

O Senhor caiu por causa dos pecados da humanidade, já os homens caem por causa de seus próprios pecados — vícios, orgulho, indiferença. Mas quem dera que, ao caírem, eles também tivessem a mesma atitude de Jesus: levantar e prosseguir.

Pai das Misericórdias, minhas quedas são inúmeras e, muitas vezes, inevitáveis; até tento não cair, mas minha fraqueza, minha limitação, minha autossuficiência me impedem de permanecer de pé. Fraquejo como ser humano que sou, por isso conto com Vossa graça para me levantar e prosseguir.

Amém!

*Pela cruz tão oprimido*
*Cai Jesus desfalecido*
*Pela tua salvação*
*Pela tua salvação.*
*Pela virgem dolorosa*
*Vossa mãe tão piedosa.*
*Perdoai, ó, meu Jesus, perdoai, ó, meu Jesus.*

**Rezar:** "Pai-Nosso", "Ave-Maria" e "Glória ao Pai".

## Quarta Estação

ENCONTRO DE JESUS COM SUA MÃE

Nós Vos adoramos, Senhor Jesus Cristo, e Vos bendizemos, porque pela Vossa santa Cruz remistes o mundo.

O caminho para fazer a vontade do Pai não é fácil. Quem se anima a fazer algo de bom quando é maltratado, ignorado e desprezado?

Nesse caminho de dores, Jesus encontra uma consolação: a presença da mãe, Maria. Será que as mães sofrem pelos filhos?

Maria sofreu ao ver seu Filho naquele estado, condenado.

Justamente nesse caminho está Maria. A mãe não esquece o filho, e, mesmo que esquecesse, o Pai, com carinho de mãe, o acolheria.

Pai misericordioso, que escolhestes Maria para ser a Mãe do Salvador, ajudai-me nesse caminho. Que a Mãe de Jesus seja também consolação, presença na minha vida. "Mãe, passo por várias dificuldades, tribulações, e tenho vontade de desistir. Que a Senhora, que é Mãe da Misericórdia, me anime a perseverar na obediência aos mandamentos do Senhor. Amém!"

*Vê a dor da mãe amada*
*Que se encontra desolada*
*Com seu filho em aflição*
*Com seu filho em aflição*
*Pela virgem dolorosa*
*Vossa mãe tão piedosa*
*Perdoai, ó, meu Jesus, perdoai, ó, meu Jesus.*

**Rezar:** "Pai-Nosso", "Ave-Maria" e "Glória ao Pai".

## Quinta Estação

### JESUS RECEBE A AJUDA DE SIMÃO CIRENEU

Nós Vos adoramos, Senhor Jesus Cristo, e Vos bendizemos, porque pela Vossa santa Cruz remistes o mundo.

Jesus é Deus, é a segunda Pessoa da Santíssima Trindade, é o Todo-poderoso. Mas, apesar disso, Ele quis a ajuda de homens, criaturas frágeis e limitadas. Que grande lição de humildade Nosso Senhor nos dá.

Jesus escolheu algumas pessoas e lhes concedeu autoridade para ajudá-Lo no ministério. Claro que o Senhor sabia das fraquezas dos discípulos, mas, mesmo assim, concedeu-lhes um voto de confiança, deu-lhes responsabilidades, e, até em um dos últimos momentos de Sua caminhada na terra, contou com a ajuda de Simão Cireneu.

Pai das Misericórdias, Vós enviastes Vosso Filho Jesus para salvar a humanidade do grande mal — o pecado. Vosso Filho Jesus fez bem todas as coisas, mas, apesar disso, quis a ajuda de homens para Vossa obra.

O Senhor me dá esta grande lição: não sou bom sozinho, sozinho nada posso. Curai, Senhor, todo meu egoísmo, pois muitas vezes quero fazer do meu jeito, não me abro aos outros, não partilho, e, por isso, erro.

Pai, misericórdia, pois Vós, mesmo sendo Deus, quisestes partilhar Vosso melhor, e eu também preciso partilhar o meu melhor e acolher o outro como irmão e não como inimigo. Amém!

*No caminho do Calvário*
*Um auxílio é necessário*
*Não lhe nega o Cireneu*
*Não lhe nega o Cireneu.*
*Pela virgem dolorosa*
*Vossa mãe tão piedosa*
*Perdoai, ó, meu Jesus, perdoai, ó, meu Jesus.*

**Rezar:** "Pai-Nosso", "Ave-Maria" e "Glória ao Pai".

## Sexta Estação

### VERÔNICA ENXUGA O ROSTO DE JESUS

Nós Vos adoramos, Senhor Jesus Cristo, e Vos bendizemos, porque pela Vossa santa Cruz remistes o mundo.

Verônica enxuga o Rosto da Misericórdia, Jesus Cristo. No caminho, Jesus foi consolado por Sua Mãe, pelo Cireneu e agora por Verônica. Verônica tem compaixão d'Aquele que é a Compaixão. Seu gesto de enxugar o rosto ensanguentado do Senhor teve como resultado a Face da Misericórdia impressa naquele pano. A experiência com Cristo levou aquela mulher a revelar a Face do Amor. A atitude de caridade de Verônica traz a lição: apresentar a Face do Amor e revelá-La.

Em nossos dias, o ser humano precisa não só das palavras, mas dos testemunhos. O cristão precisa honrar esse nome, pois, se não for assim, não tem sentido. Ser cristão é revelar o Cristo. Ser cristão é apresentar a Misericórdia do Pai.

Pai misericordioso, perdão pelas vezes que, mesmo tendo o nome de cristão(ã), não revelei a Sagrada Face de Vosso Filho. Perdão pelas vezes que não vivi a caridade e, por isso, não convenci, porque o convencimento não vem apenas pelas palavras, mas, principalmente, pela boa conduta, pelo amor impresso no coração e na vida. Amém!

*Eis o rosto ensanguentado*
*Por Verônica enxugado*
*Que no pano apareceu*
*Que no pano apareceu*
*Pela virgem dolorosa*
*Vossa mãe tão piedosa*
*Perdoai, ó, meu Jesus, perdoai, ó, meu Jesus.*

**Rezar**: "Pai-Nosso", "Ave-Maria" e "Glória ao Pai".

## Sétima Estação

JESUS CAI PELA SEGUNDA VEZ

Nós Vos adoramos, Senhor Jesus Cristo, e Vos bendizemos, porque pela Vossa santa Cruz remistes o mundo.

Jesus cai pela segunda vez. E quanto a nós? Quem disse que em nossas vidas não haveria dificuldades? Nem o Filho de Deus foi privado do caminho pesado da Cruz.

A segunda queda mostra que as forças de Jesus estão se acabando.

Que Cruz pesada é essa? E pensar que Aquele que não teve pecado estava ali no chão. Quanta humilhação! Por que tudo isso? Por amor, só por amor.

Pai das Misericórdias, Vosso Filho Se fez pecado para me salvar. Que nas minhas quedas eu não me esqueça desse amor tão grande que o Senhor tem por mim. Senhor, mesmo que eu sinta que as minhas forças estão se acabando, levantai-me com a Vossa misericórdia. Amém!

*Outra vez desfalecido*
*Pelas dores abatido*
*Cai por terra o salvador*
*Cai por terra o salvador*
*Pela virgem dolorosa*
*Vossa mãe tão piedosa*
*Perdoai, ó, meu Jesus, perdoai, ó, meu Jesus.*

**Rezar**: "Pai-Nosso", "Ave-Maria" e "Glória ao Pai".

## Oitava Estação

### JESUS CONSOLA AS MULHERES DE JERUSALÉM

Nós Vos adoramos, Senhor Jesus Cristo, e Vos bendizemos, porque pela Vossa santa Cruz remistes o mundo.

Jesus, o homem-Deus, o Deus-homem, compreende o sofrimento humano. Embora talvez estivesse em um dos piores momentos, ainda assim, o Filho do Pai Amado foi capaz de consolar as mulheres de Jerusalém.

Que grande amor o Senhor tem pelos homens e pelas mulheres! Ele é o Consolador. Quantas vezes Ele se compadeceu dos necessitados, curando da cegueira, da lepra, da paralisia. Hoje, quantos precisam ser consolados!

Pai misericordioso, vinde em meu socorro, em meu auxílio, pois preciso ser consolado(a). Sofro pelos meus pecados, sofro porque sou gente; às vezes, acerto sem querer, e, quando quero acertar, erro. Consolai-me, Senhor, em minhas dores, em minhas enfermidades interiores e físicas. Amém!

*Das mulheres que choravam*
*Que fiéis O acompanhavam*
*É Jesus consolador*
*É Jesus consolador*
*Pela virgem dolorosa*
*Vossa mãe tão piedosa*
*Perdoai, ó, meu Jesus, perdoai, ó, meu Jesus.*

**Rezar:** "Pai-Nosso", "Ave-Maria" e "Glória ao Pai".

## Nona Estação

### JESUS CAI PELA TERCEIRA VEZ

Nós Vos adoramos, Senhor Jesus Cristo, e Vos bendizemos, porque pela Vossa santa Cruz remistes o mundo.

Jesus cai pela terceira vez. Alguém tem dúvida de que o caminho trilhado por Jesus não foi fácil? O que se passou na cabeça de Nosso Senhor? Será que Ele pensou em desistir? Ele teria desanimado?

É certo que qualquer ser humano teria desistido, desanimado, a não ser que tivesse fé e força divina. Jesus Cristo caiu pela terceira vez devido aos açoites, aos socos e ao peso da Cruz. Quanto mais caminhava para fazer a vontade de Deus, mais vinham as afrontas, as agressões do corpo e da alma.

Hoje, os cristãos sofrem porque buscam fazer a vontade de Deus. Eles são chamados a perseverar sempre, a nunca desistir, mesmo que apanhem, que sejam esbofeteados e caiam. Que o Pai misericordioso venha em auxílio e, por meio do Seu Filho, envie o Espírito Santo.

Pai das Misericórdias, ajudai-me nas minhas quedas, que são muitas. Sou tentado(a) a desistir, pois me sinto sem forças. Peço que envieis sobre mim, por Jesus, o Vosso Espírito Santo, pois ainda que venham os ataques, as perseguições do corpo e da alma, pelo fato de estar Vos seguindo, que Vós sempre me levanteis, que Vosso Espírito me conduza.

Amém!

*Cai terceira vez prostrado*
*Pelo peso redobrado*
*Dos pecados e da cruz*
*Dos pecados e da cruz*
*Pela virgem dolorosa*
*Vossa mãe tão piedosa*
*Perdoai, ó, meu Jesus, perdoai, ó, meu Jesus.*

**Rezar:** "Pai-Nosso", "Ave-Maria" e "Glória ao Pai".

## *Décima Estação*

JESUS É DESPIDO DE SUAS VESTES

Nós Vos adoramos, Senhor Jesus Cristo, e Vos bendizemos, porque pela Vossa santa Cruz remistes o mundo.

Jesus está próximo da crucificação e é despojado de Suas vestes.

O caminho até o Calvário foi um caminho de humilhação; as autoridades não O respeitaram, o Amor não foi amado, desnudaram o Senhor.

Hoje, infelizmente, a nudez é cultivada, propagada como natural; é um meio de expressar a liberdade. Assim, o corpo do ser humano virou um objeto, um produto. O homem perdeu a noção do sagrado, de que seu corpo é morada do Divino e, por isso, não deve ser banalizado, vendido ou comprado.

Pai misericordioso, a nudez do Vosso Filho me mostra que devo cuidar de mim, que sou templo do Vosso Espírito, que sou sagrado(a) também exteriormente. Perdão, Senhor, pelas vezes que usei vestes inadequadas, pelas vezes que seduzi e levei pessoas ao pecado. Perdão, porque não cuidei de mim. Senhor, que a nudez de amor de Vosso Filho cubra a minha nudez de malícia e sedução.

Amém!

*Das suas vestes despojado*
*Tão chagado e pisado*
*Eu vos vejo meu Jesus*
*Eu vos vejo meu Jesus*
*Pela virgem dolorosa*
*Vossa mãe tão piedosa*
*Perdoai, ó, meu Jesus, perdoai, ó, meu Jesus.*

**Rezar**: "Pai-Nosso", "Ave-Maria" e "Glória ao Pai".

## Décima Primeira Estação

### JESUS É PREGADO NA CRUZ

Nós Vos adoramos, Senhor Jesus Cristo, e Vos bendizemos, porque pela Vossa santa Cruz remistes o mundo.

Jesus é pregado na Cruz. Durante todo o percurso, a Cruz foi pesada e companheira, mas agora ela não mais é levada, pois se une a Cristo pelos pregos.

O Filho se une ao madeiro com o objetivo de amar os homens no alto daquele Calvário. Se, antes, no primeiro Paraíso, veio a perdição pela desobediência, agora, o Senhor, no madeiro, pela obediência redime os pecadores e os salva.

Pai das Misericórdias, Vosso Filho foi pregado na Cruz. Ele se fez pecado para me salvar, levou a Cruz e nela foi pregado por obediência a Vós.

Senhor, hoje eu peço que seja crucificado tudo aquilo que me separa de Vós. Toma na Cruz, do Vosso Filho, os meus pecados. Nesta hora, decido romper com todo pecado. Que na Cruz sejam pregados todos os males que me separam de Vós. Amém!

*Sois por mim na cruz pregado*
*Insultado e blasfemado*
*Com cegueira e com furor*
*Com cegueira e com furor*
*Pela virgem dolorosa*
*Vossa mãe tão piedosa*
*Perdoai, ó, meu Jesus, perdoai, ó, meu Jesus.*

***Rezar***: "Pai-Nosso", "Ave-Maria" e "Glória ao Pai".

## *Décima Segunda Estação*

### JESUS MORRE NA CRUZ

Nós Vos adoramos, Senhor Jesus Cristo, e Vos bendizemos, porque pela Vossa santa Cruz remistes o mundo.

Jesus morre na Cruz, "tudo está consumado", o Filho Amado do Pai cumpriu a Sua missão, foi obediente até a morte, e morte de Cruz.

Talvez quem passasse por ali dissesse que foi um fracasso, que tudo o que Ele havia feito tinha sido em vão. Talvez dissesse: "E agora? Ele morreu?".

Na caminhada cristã ou nesse caminho da vida, nem tudo dá certo, muitas vezes vem o desconsolo, a desesperança, e todos, sem exceção, passam por isso. No entanto, para o cristão existe uma luz: as palavras de Jesus. Seus ensinamentos falavam desse momento de morte e de ressurreição; a morte é certa para todos e que seja ela para as realidades pecaminosas que persistem em acompanhar o homem.

Pai misericordioso, na morte do Vosso Filho na Cruz surge a minha morte para o pecado; na morte de Cruz do Vosso Filho, surge a vida nova. Senhor, que morram em mim todas as realidades que me afastam do Vosso amor. A Cruz do Vosso Filho não é maldita, mas bendita, porque é Salvação. Amém.

*Meu Jesus, por nós morrestes*
*Por nós todos padecestes*
*Oh! Que grande é a vossa dor*
*Oh! Que grande é a vossa dor*
*Pela virgem dolorosa*
*Vossa mãe tão piedosa*
*Perdoai, ó, meu Jesus, perdoai, ó, meu Jesus.*

**Rezar:** "Pai-Nosso", "Ave-Maria" e "Glória ao Pai".

## Décima Terceira Estação

JESUS É DESCIDO DA CRUZ

Nós Vos adoramos, Senhor Jesus Cristo, e Vos bendizemos, porque pela Vossa santa Cruz remistes o mundo.

Jesus é descido da Cruz.

Maria, o primeiro colo que recebeu como bebê a promessa de salvação, é agora o mesmo colo que O acolhe após uma jornada dura e sofredora.

Antes, Maria acolhia a fragilidade de uma criança, e, agora, acolhe em seus braços a fragilidade de um homem com Sua missão cumprida.

Que Maria, a Mãe do Senhor, continue acolhendo os sofredores.

Ela é a Pietá, a Piedade, a Mãe da Misericórdia.

Hoje, os homens e as mulheres precisam do colo da Mãe.

Que Maria, Mãe da Misericórdia, acolha tantos filhos e filhas que se perdem por falta de uma acolhida e de uma amizade verdadeira.

Pai das Misericórdias, Vós amastes a humanidade por intermédio de Vosso Filho Jesus. Destes a Ele uma mãe, Maria, a Mãe da Misericórdia. "Mãezinha do Céu, me acolhe no teu colo, preciso de consolação, de amor e de cuidado. Um pouco antes da morte do teu Filho, Ele te encarregou de me acolher. Mãezinha, me acolhe e me ama. Amém!"

*Do madeiro Vos tiraram*
*E à mãe Vos entregaram*
*Com que dor e compaixão*

*Com que dor e compaixão*
*Pela virgem dolorosa*
*Vossa mãe tão piedosa*
*Perdoai, ó, meu Jesus, perdoai, ó, meu Jesus.*

***Rezar:*** "Pai-Nosso", "Ave-Maria" e "Glória ao Pai".

## Décima Quarta Estação

### JESUS É COLOCADO NO SEPULCRO

Nós Vos adoramos, Senhor Jesus Cristo, e Vos bendizemos, porque pela Vossa santa Cruz remistes o mundo.

O Filho de Deus, tendo cumprido com Sua missão em obediência ao Pai, é colocado no sepulcro. A dor daqueles que O queriam bem foi grande.

A incerteza, o medo e a dor da perda foram imensuráveis. Não é fácil perder alguém querido. Quando alguém é sepultado, a comoção é inevitável, pois sente-se muito a falta da presença física da pessoa. Na morte do Senhor, ficava a esperança, o desejo de consolação, a lembrança de suas palavras e a promessa da Ressurreição.

Pai misericordioso, a dor da morte ainda é estranha, enterrar alguém é ainda sofrido. Vós, por intermédio da morte e sepultamento de Vosso Filho, abençoastes todas as moradas provisórias que acolhem o corpo de entes queridos. Que pelo sepultamento de Jesus, Vosso Filho, sejam semeadas no meu coração a esperança e a lembrança das palavras: "Mas no terceiro dia, ressuscitará" (*Mt 20, 19 b*). Eu creio na Ressurreição, Pai, creio na Vida Eterna. Mesmo me deparando com a separação física dos meus, enchei meu coração de alegria e esperança por esse encontro definitivo convosco. Amém!

*No sepulcro Vos deixaram*
*sepultado Vos choraram*
*magoado o coração,*
*magoado o coração*
*Pela Virgem dolorosa*
*Vossa Mãe tão piedosa*
*Perdoai, ó, meu Jesus! Perdoai, ó, meu Jesus.*

*Rezar*: "Pai-Nosso", "Ave-Maria" e "Glória ao Pai".

## *Oração Final*

Pai das Misericórdias e Deus de toda consolação, queremos dar graças pela meditação que fizemos ao percorrer a caminhada dolorosa de Jesus, que também é nossa. Pela Via Sacra do Vosso Filho Jesus Cristo, nosso Salvador, aprendemos que a vida é um presente, um dom, e que os sofrimentos são inevitáveis, mas, ao mesmo tempo, encontramos consolação e esperança em Vossa infinita misericórdia.

Amém!

*Rezar*: "Pai-Nosso", "Ave-Maria" e "Glória ao Pai".

Pela intenção do Sumo Pontífice, para ganhar as indulgências.